Impressum

1. Auflage 2015
ISBN 978-3-9816425-3-7

Gedruckt auf Recyclingpapier (aus 100 % Altpapier) mit mineralölfreien Farben.

compassion media
a division of roots of compassion eG
Rudolf-Diesel-Straße 37
48157 Münster
www.compassionmedia.org
info@compassionmedia.org

Lektorat: Simon Kneip, Julia Lenberg, Alexander Naniev
Korrektorat: Lydia Heidrich, Simon Kneip, Maria Minewitsch
Design/Illustration: David Rohrbach
Cover: Alexander Bulk, Marc Pierschel (marcpierschel.org)
Satz: Maria Minewitsch

_innen?

Um möglichst alle Geschlechtsidentitäten einzubeziehen, also auch Menschen zu berücksichtigen, die sich weder eindeutig als „Frau" noch als „Mann" identifizieren, haben wir uns für die Schreibweise mit dem Gender Gap entschieden. Es soll einerseits darauf aufmerksam machen, dass Kategorien wie „Frau" und „Mann" gesellschaftlich konstruiert sind, andererseits die unendlich vielen Gestaltungsmöglichkeiten andeuten, die sich hinter diesen Bezeichnungen verbergen. Wir gehen also davon aus, dass Vorstellungen von „Männlichkeit" und „Weiblichkeit" als Rollenmodelle und als Körper nicht natürlich gegeben sind, sondern auf gesellschaftlichen Traditionen beruhen, die in ihrer Ausübung stetig reproduziert werden.

tierlich?

Wir verwenden das Adjektiv „tierlich" anstatt „tierisch", weil letztgenanntes unserer Auffassung nach speziesistisch, also diskriminierend gegenüber nichtmenschlichen Tieren, ist (vergleichbar mit „kindisch"), während erstgenanntes eine Analogie zur Bezeichnung „menschlich" darstellt und ihm eine neutrale bis positive Konnotation zukommt.

Vegiterran

mediterran genießen
auf vegane Art

Inhalt

Vorwort

Vegane mediterrane Küche?

Typische Landschaften und ein sonnenreiches Klima, das alle Länder der Mittelmeerregion miteinander teilen, gaben den lokalen Küchen eine Gemeinsamkeit: Ein Speiseplan reich an frischem Gemüse, Hülsenfrüchten, Getreide, Kräutern und Olivenöl. Hierdurch bringt die mediterrane Küche eine Fülle von Speisen hervor, in denen pflanzliche Lebensmittel die Hauptzutaten darstellen.

Zusammen mit Erfindungsreichtum und Kreativität birgt dies ein kulinarisch einzigartiges Potenzial für die Zubereitung veganer Köstlichkeiten. Durch das Mittelmeer als Schnittstelle dreier Kontinente halfen Handel und Betriebsamkeit den Ansässigen dabei, neue Lebensmittel zu verbreiten und gleichzeitig Essgewohnheiten und Esskulturen auszutauschen.

Die aufgeführten Rezepte decken jede Art von Kochanlass ab und beinhalten eine Vielfalt an lokaltypischen Gerichten aus unterschiedlichen Küchen von Kleinasien über die Levante, Nordafrika, die iberische und italische Halbinsel bis zum Balkan und zurück. Das Buch bietet eine Ansammlung von authentischen, veganen Rezepten, einige in ihrer klassisch mediterranen Zusammensetzung gehalten, andere in überarbeiteter und neuer Version. Die Gerichte sind in der Regel einfach aufgebaut und die benötigten Zutaten preiswert. Ungeachtet dessen behalten sie ihren ursprünglichen Charakter bei und vermitteln die Originalität der Mittelmeerküche auf bestmögliche Art und Weise.

Mein veganer Ernährungsansatz

Das Buch verdeutlicht, worauf ich bei der Essensvorbereitung und dem Kochen der Speisen Wert lege. Es handelt sich um eine Sammlung von vielfältigen, leckeren und nahrhaften Gerichten. Sie beinhalten ein weites Spektrum an Zutaten und zeigen neue Wege, unterschiedliche Speisen miteinander zu kombinieren. Beim veganen Kochen geht es für mich um Vorstellungskraft, Kreativität und Leidenschaft, um gute Ernährung und kulinarische Vielfältigkeit. Wenn ihr einmal damit angefangen habt, vegan zu kochen, werdet ihr es garantiert lieben!

Mein allgemeiner Tipp ist es, bei der Vor- und Zubereitung von Speisen viel zu experimentieren, zahlreiche Zutaten auszuprobieren und unterschiedliche Kochmethoden zu nutzen, um originelle Gerichte zuzubereiten. Kauft nur, was ihr benötigt, und versucht, so viel wie möglich selbst herzustellen! Viele industriell gefertigte Lebensmittel, die wir abgepackt und behandelt kaufen, können recht leicht auch zu Hause zubereitet werden, z. B. Brot, Nussmus, Nussmilch uvm. Dieses Buch zeigt unter anderem, wie ihr selber Pizza, veganes Pesto, veganen Käse oder Falafel zubereiten könnt. Denn die Herstellung eigener Lebensmittel macht nicht nur sehr viel Spaß, sondern sie trägt auch dazu bei, mehr über Nahrungsmittel zu lernen und hilft uns, das eigene Konsumverhalten zu reflektieren. Weniger Konsum wiederum nützt uns und der Umwelt, und sorgt im Idealfall auch dafür, dass die Welt ein wenig gerechter wird.

Ebenso ist reduziertes Konsumverhalten Teil meiner veganen Philosophie. Mit wenigen Zutaten könnt ihr erfindungsreich sein, und auf diese Weise kann Einfachheit Fülle bedeuten. Analog hierzu steht für mich die vegane Ernährung, die bescheidene, aber dennoch reichhaltige Gerichte hervorbringen kann. Willkommen in der veganen Welt!

Vorspeisen

Die Vorspeise ist in der mediterranen Küche ein wichtiges Element. Sie begleitet die Bewirteten, zusammen mit enem Getränk, durch die Wartezeit auf das Hauptgericht. Eine gute Vorspeise ist der erste Schritt zu einem gelungenen Essen und gleichzeitig die perfekte Gelegenheit, ein kulinarisches Hauptmenü einzuleiten. Die Vorspeise bietet eine ideale Möglichkeit, unterschiedliche Speisen zu kombinieren und eine variationsreiche vegane Platte zu kreieren. Deshalb sollte sie auch dazu genutzt werden, köstliche und optische Vielfältigkeit in das vegane Menü zu bringen. Eine gelungene Vorspeise garantiert die Steigerung des Appetits und der Vorfreude auf weitere Gänge!

Spanakopita (Seite 20)

Gebäck und Teigwaren

Das Mittelmeer ist eine Region, in der Getreide bereits sehr früh angebaut wurde. Deswegen sind beispielsweise Produkte aus Weizen und Gerste seit der klassischen Antike mediterrane Grundnahrungsmittel. Bis heute sind Brot und Teigwaren in der mediterranen Küche überaus beliebt. Warum werdet ihr schnell merken, denn nichts riecht und schmeckt so gut wie frisch gebackenes Brot oder hausgemachte Kuchen und Pasteten.
Nachfolgend findet ihr eine Auswahl an Speisen, die als Vorspeise, Snack oder Beilage zu jedem Essen serviert werden können.

Am Anfang die Basis von allem: das Brot! Beinahe jedes Gericht der mediterranen Küche wird mit Brot serviert. Hier also ein einfaches Rezept für selbstgemachtes Fladenbrot.

Fladenbrot

Zutaten
(für 2 Brotlaibe)

1 Packung Trockenhefe (7 g)
200 g weißes Weizenmehl
350 ml lauwarmes Wasser
200 g Vollkornweizenmehl
100 g Dinkelmehl
1 TL Rohrohrzucker
1 TL Salz
3 EL Olivenöl
1-2 EL Sesam (oder Mohn)

Zubereitung
(ca. 40 Min. & 2 Std. ruhen lassen)

- In einer großen Schüssel die Trockenhefe mit ½ Tasse Mehl und ½ Tasse Wasser zu einem flüssigen Teig verrühren. Die Schüssel mit einem Küchentuch abdecken und für ca. 1 Stunde in warmer Umgebung ruhen lassen.

- Danach die restlichen Mehlsorten in einer separaten Schüssel mit Salz und Zucker vermischen und dem Teig hinzugeben. Die gesamte Masse gut durchkneten (etwa 10 Minuten lang), während das Olivenöl und das restliche Wasser langsam hinzugegeben wird, bis ein glatter Teig entsteht. Den Teig danach wieder mit einem Tuch abdecken und ca. 1 Stunde ziehen lassen.

- Nun den Teig in zwei Hälften unterteilen. Die beiden Hälften jeweils in flache 20 cm x 40 cm große Stücke formen. Am besten geht dies, indem ihr den Teig mit den Fingern auf dem Backblech auseinander zieht. Beidseitig mit etwas Olivenöl bestreichen und Sesam darüber streuen.

- Im vorgeheizten Backofen (Ober- und Unterhitze) bei 200°C für 20 Minuten backen.

- Fertig! So einfach ist es, Brot selber zu backen!

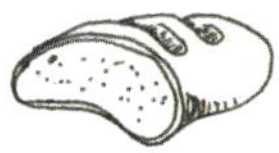

Ein veganisiertes Rezept! Diese speziellen anatolischen **Böreks** *mit einer Füllung aus Tofukäse im Feta-Stil sorgen garantiert für ein überzeugendes Geschmackserlebnis. Die Füllung kann auch in anderen Rezepten als Käseersatz (z. B. als Pizzabelag Seite 25) oder extra Zutat (z. B. für die Füllung der Spinatpastete, siehe Rezept auf Seite 21) genutzt werden.*

Käse-Börek

Zutaten

(bis zu 24 Böreks)

<u>für den Teig:</u>
300 g weißes Weizenmehl
¾ TL Salz
240 ml Kokosnussmilch

<u>für den Käse:</u>
350 g Tofu
4 EL Hefeflocken
3 EL Essig
jeweils 2 EL: Olivenöl, Tahini, Zitronensaft
1½ TL Salz
2-3 Prisen weißen Pfeffer, gemahlen

<u>zum Braten:</u>
Olivenöl

Zubereitung

(ca. 60 Min.)

- <u>Zunächst wird der Teig zubereitet:</u> Dazu zuerst das Mehl mit dem Salz vermengen und die Kokosnussmilch hinzugeben. Die Masse gut durchkneten, bis ein glatter Teig entsteht. Diesen abgedeckt ruhen lassen (ca. 20 Min.).

- <u>Dann die Füllung:</u> Den Tofu per Hand in einer Schüssel zerbröseln und zusammen mit den restlichen Käse-Zutaten vermengen.

- <u>Und nun kombinieren:</u> Den Teig in zwei Hälften teilen und aus den beiden Hälften jeweils 6 kleine Bällchen formen. Die einzelnen Bällchen auf einer glatten Oberfläche zu einem ovalen, flachen Teig ausrollen (ca. 12 cm x 30 cm) und die Teigstücke mit einem Messer auf der langen Seite mittig teilen.

- Die Ränder der einzelnen Teigstücke leicht anfeuchten, damit sie klebrig werden. Mit einem Esslöffel die Käsefüllung auf die Teigstücke geben. Um nun das Börek zu formen, werden der lange obere und untere Rand 1 cm in die Mitte gefaltet. Danach das Teigstück von der Seite zu einer „Zigarre" aufrollen.

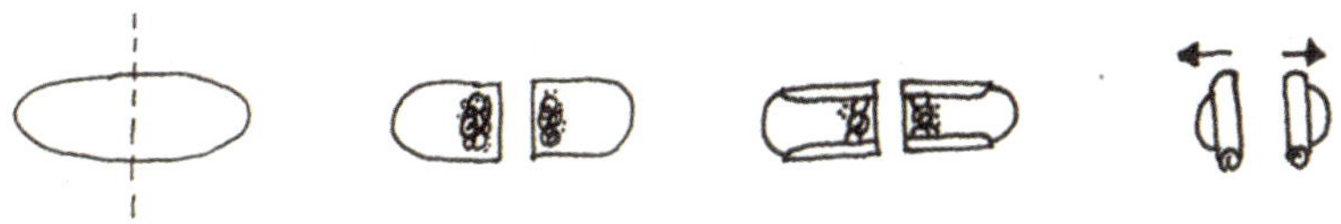

- Die einzelnen Böreks in einer Pfanne mit Olivenöl für ca. 1 Minute anbraten, bis sie golden und knusprig sind.

- Warm servieren und genießen!

***Grissini** sind eigentlich eine Brotvariation. Sie sind allerdings wesentlich bekömmlicher als Brot und besitzen eine längere Haltbarkeit als dieses. Die beliebte italienische Knabberei wird am besten mit Dips (z. B. mit frischer Marinara, siehe Rezept auf Seite 35) oder auf Salat serviert. Sie eignen sich ebenfalls wunderbar als knuspriger, kleiner Snack für zwischendurch.*

Oliven-Oregano Grissini

Zutaten
(bis zu 20-25 Grissini)

360 g Vollkornweizenmehl
3 TL Backpulver
1-2 TL Oregano
¾ TL Salz
½ TL Knoblauchpulver
8-10 Oliven, entsteint & fein gehackt
120 ml Wasser
120 ml veganer Weißwein (ggf. alkoholfrei)
4 EL Olivenöl

zum Bestreuen:
Paprikapulver, Thymian & Oregano

Zubereitung
(ca. 60 Min.)

- Die trockenen Zutaten in einer Schüssel vermischen. Danach Oliven, Wasser, Weißwein und Olivenöl hinzugeben und alles zu einem glatten Teig kneten.
- Zwei große Backbleche mit Backpapier auslegen und walnussgroße Stücke des Teigs in ca. 20 cm lange Stangen rollen. Je dünner die Stangen sind, desto knuspriger werden sie nach dem Backen.
- Danach die Stangen ein wenig befeuchten und mit dem Paprikapulver, Thymian und Oregano bestreuen. Die Grissini im vorgeheizten Backofen (Ober- und Unterhitze) bei 180°C für ca. 22 Minuten backen.
- Viel Spaß beim Knuspern!

Tipp: Ihr könnt auch andere Kräuter und Samen (z.B. Sesam, Leinsamen, Kreuzkümmel) oder eine Dinkelmehlmischung nutzen.

Spinatpastete oder Spanakopita, wie sie in Griechenland genannt wird, ist eine Pastete (Pita), die aus dünnem Blätterteig gemacht wird und mit einer Mischung aus frischen Frühlingsgemüse und frischen Frühlingskräutern gefüllt ist, wie z. B. mit Spinat, Frühlingszwiebeln, Dill, Lauch, Minze und teilweise Fenchelblättern. Spanakopita wird in Griechenland sowohl als Mittagssnack als auch zum Frühstück gegessen.

Spanakopita

Zutaten

(bis zu 10 Portionen)

800 g frischer Spinat, klein gehackt
120 ml Olivenöl
6 Frühlingszwiebeln
1 Lauch
2 Handvoll Dill, fein gehackt
1 EL Minzblätter, fein gehackt
Salz
3 EL Rundkornreis
8-10 Filo- oder Strudelteigblätter (ca. 250 g)

Zubereitung

(ca. 60 Min.)

- In einer großen Pfanne ein wenig Olivenöl erhitzen. Die Frühlingszwiebeln und den Lauch klein schneiden und für 5-6 Minuten anbraten. Danach die Kräuter hinzugeben und alles für weitere 2 Minuten anbraten. Nun den Spinat und etwas Salz in die Pfanne geben und so lange kochen lassen, bis der Spinat weich ist (ca. 15 Minuten). Anschließend die Pfanne von der Kochstelle nehmen, den ungekochten Reis unterrühren und zur Seite stellen.

- Eine Backform (Durchmesser ca. 30 cm) mit Olivenöl einfetten und mit einem Filoblatt auslegen. Das Filoblatt mit Olivenöl bestreichen und vier weitere Filoblätter darauf legen (immer wieder Olivenöl zwischen die einzelnen Blätter streichen). Nun die Spinat-Füllung in die Backform geben und gleichmäßig verteilen, mit den restlichen Filoblättern abdecken und diese ebenfalls immer mit Olivenöl bestreichen.

- Die überstehenden Reste der Filoblätter werden einfach nach innen gedreht, somit wird die Pastete versiegelt, und es entsteht gleichzeitig eine hübsche Verzierung auf der Oberseite. Nun noch mit einer Gabel einige Löcher in die Oberfläche der Pastete stechen, sodass der Wasserdampf beim Backen entweichen kann.

- Im vorgeheizten Backofen (möglichst weit unten) bei 180°C für ca. 30 Minuten backen (Ober- und Unterhitze), bis der Teig goldbraun wird. Die fertige Spinatpastete auskühlen lassen, da sie dadurch ihren Geschmack besser entfaltet; erst dann anschneiden.

Tortilla de Patatas ist die sogenannte „spanische Tortilla" - ein dickes und herzhaftes Omelette mit Zwiebeln oder auch anderem Gemüse. Diese gebackene und einfache Version zeigt, wie ein Omelette vegan zubereitet werden kann und überrascht nicht nur geschmacklich, sondern auch visuell.

Tortilla de Patatas

Zutaten

für 2-3 Personen

(bis zu 8 Portionen)

1 Zwiebel, in dünne Scheiben geschnitten
Olivenöl zum Anbraten
400 g Kartoffeln, in dünne Scheiben geschnitten
120 g schnellkochende Polenta
840 ml Wasser
1 TL Salz
1 EL Olivenöl
2 EL Hefeflocken
~~240 ml Sojamilch~~ zu flüssig
1 Paprika (Farbe nach Wahl), fein gehackt

Zubereitung

(ca. 60 Min.)

- Die Zwiebel mit ein wenig Olivenöl in einer Pfanne für 3-4 Minuten anbraten, bis sie glasig sind, und danach in eine Schüssel geben. Anschließend die Kartoffelscheiben in der Pfanne mit Olivenöl für 3-4 Minuten anbraten, bis diese weich werden (nicht kross!) und ebenfalls in die Schüssel geben.

- Die Polenta zusammen mit dem Wasser und 1 TL Salz in einen Topf geben und auf mittlerer Stufe erhitzen. Sobald die Polenta anfängt zu kochen, die Hitze reduzieren, 1 EL Olivenöl hinzugeben und für 7-8 Minuten zu einer klebrigen und dicken Masse verrühren. Den Topf von der Kochstelle nehmen und die Hefeflocken ~~sowie die Sojamilch~~ hinzugeben und gut verrühren. Die fertige Polenta zu den Kartoffelscheiben und Zwiebeln in die Schüssel geben und zusammen mit der fein gehackten Paprika gut vermengen.

- Eine Backform (Durchmesser ca. 25 cm) mit Backpapier auslegen und die Mischung in die Form geben. Im vorgeheizten Backofen bei 200°C (Umluft) für 30 Minuten backen, bis das vegane Omelette goldbraun wird.

- Vor dem Anschneiden leicht abkühlen lassen.

Ein neapolitanisches Gericht, das wohl unbestritten eines der weltweit beliebtesten ist! ***Pizza*** *ist eigentlich eine sehr einfache Speise und war ursprünglich das Essen der ärmeren Menschen und der Arbeiter_innenklasse – eine Art flaches Brot mit Belag, dabei nicht unbedingt mit Käse.*

Hier ist also ein einfaches und köstliches Margherita-Rezept, das einen dünnen und knusprigen Pizzaboden garantiert. Dieses Rezept ist die Basis für alle kulinarischen Pizzaexperimente. Als Belag können jegliche Gemüsesorten, Pilze oder Kräuter genutzt werden – veganer Käse ist dann optional. Letztendlich ist das Geheimnis einer guten Pizza der knusprige Boden!

Pizza Margherita

Zutaten
(für zwei Pizzen)

<u>für den Teig:</u>
½ Würfel frische Hefe (21 g)
150 ml lauwarmes Wasser
½ TL Rohrohrzucker
¼ TL Salz
280 g Weizenmehl (Vollkorn- oder Weißmehl)
1 EL Olivenöl
50 g Weizengrieß

<u>für die Sauce:</u>
250 g passierte Tomaten
2 EL Basilikum, frisch & fein gehackt
Salz
frischer Pfeffer, gemahlen
2-3 EL Olivenöl
1 Knoblauchzehe, gepresst

<u>für den Belag:</u>
125 g veganer Käse (Pizzaschmelz)

Zubereitung
(ca. 30 Min. & 60 Min. ruhen lassen)

- <u>Teig:</u> In einer großen Schüssel das warme Wasser und die Hefe vermischen. Mit einer Gabel so lange umrühren, bis sich die Hefe aufgelöst hat. Danach Zucker und Salz hinzugeben und noch einmal kurz verrühren. Das Mehl schrittweise in die Schüssel geben und dabei mit einer Gabel unterheben. Die Mischung mit den Händen zu einem glatten Teig verkneten. Sollte der Teig zu klebrig sein, einfach etwas Mehl hinzugeben. Nun das Olivenöl beifügen und für ca. 1 Minute einkneten. Den fertigen Teig zu einem Ball formen und zurück in die Schüssel legen. Die Schüssel mit einem feuchten Tuch abdecken und den Teig für ca. 60 Minuten an einem warmen Ort gehen lassen.

- <u>Tomatensauce:</u> Die passierten Tomaten, Basilikum, Salz, Pfeffer und Olivenöl in einen kleinen Topf geben und auf mittlerer Stufe erhitzen. Für ungefähr 2-3 Minuten kochen lassen und dann den Knoblauch hinzugeben. Nach einer Minute Umrühren von der Kochstelle nehmen.

- Den Teig aus der Schüssel nehmen (er sollte seine Größe verdoppelt haben) und für ca. 1 Minute lang kneten. Den Teig in zwei gleich große Stücke teilen und den Arbeitsplatz vorbereiten: Es wird eine saubere Fläche benötigt, um den Teig zu einer Pizza zu formen. Nun ein wenig Weizengrieß auf die Arbeitsfläche geben, einen Teigball darauf legen und mit der Handfläche zu einer flachen, runden Scheibe zerdrücken. Dann die Scheibe drehen und dabei mit beiden Händen nach außen drücken, um so die Fläche zu vergrößern. Dieser Schritt muss mehrere Male wiederholt werden. Hierbei wird immer wieder Grieß auf den Teig gegeben und der Teig gewendet, bis er einen Durchmesser von ca. 35 cm hat. Immer darauf achten, dass genügend Grieß auf der Arbeitsfläche ist, damit der Teig sich einfacher verteilen lässt. Eine Teigrolle eignet sich mindestens ebenso gut zum Ausbreiten des Teigs wie die Hände und liefert auch ein zufriedenstellendes Ergebnis.

- Nun ein wenig Grieß auf das Backblech geben und den fertigen Pizzateig darauf legen. Auf dem Pizzateig gleichmäßig die Hälfte der Tomatensauce verteilen und dann die Hälfte des veganen Käses darüber geben.

- Das Backblech direkt auf den Ofenboden legen und im vorgeheizten Backofen (Unterhitze) bei 200°C für 10-12 Minuten backen. Das Ganze für die zweite Pizza wiederholen.

Tipp: Die Pizzasauce kann auch als Pastasauce genutzt werden, z. B. für Spaghetti al pomodoro.

Pizzaschmelz

Zutaten:

(für 2 Pizzen)

400 ml pflanzliche Milch (oder Sahne)
1-2 EL Weizenmehl (oder anderes Mehl)
5 EL Hefeflocken
1 TL Senf
2-3 EL Tahini
3 EL Olivenöl
50 ml Wasser
Etwas Salz, Sojasauce oder Miso
1 Prise Kurkuma und Paprikapulver

Zubereitung:

(ca. 5 Min.)

- Alle Zutaten in einen kleinen Topf geben. Unter ständigem Rühren solange erhitzen, bis eine dickliche Masse entsteht. Von der Kochstelle nehmen und vor dem Backen über die belegte Pizza geben.

Dips

Dips sind meine absolute Lieblingsvorspeise! Sie sind einfach zu machen, bieten eine Menge Raum für kreative Improvisation und schmecken noch dazu so lecker. Neben jeder Art von Brot können die Dips mit frischem Gemüse wie z. B. Karotten- oder Gurkensticks, Selleriestängeln oder rohen Brokkoliröschen serviert werden. Es empfiehlt sich, hochwertige Zutaten zu nutzen und diese maßvoll einzusetzen. Ein guter Dip benötigt in der Regel nicht mehr als 2 bis 3 Hauptzutaten. Der intensive Geschmack wird vor allem durch feine Gewürze, Kräuter und gutes Olivenöl hervorgerufen.

Avocado-Tzatziki ist ein griechischer Klassiker, hier in einer köstlichen und sehr einfachen, veganen Version.

Avocado-Tzatziki

Zutaten
(bis zu 4 Portionen)

2 mittelgroße Salatgurken
1 große reife Avocado
2 Knoblauchzehen
4 EL Tahini
2 EL Olivenöl
2 EL Dill, klein gehackt
Salz
frischer Pfeffer, gemahlen

Zubereitung
(ca. 15 Min.)

- Die Salatgurken schälen (optional) und mit einer großen Reibe zerkleinern. Die geriebenen Salatgurken in einem Nudelsieb für 10 Minuten abtropfen lassen.

- Die Avocado und den Knoblauch in einer Küchenmaschine vermengen und langsam Tahini und Olivenöl hinzugeben und aufschlagen (auch mit Mixer zubereitbar). Nun den Dill und die Hälfte der Gurken hinzugeben und noch einmal kurz kräftig mixen. Den Mix in eine Schüssel geben und mit den restlichen Gurken vermengen.

- Mit Salz und Pfeffer abschmecken. Fertig!

Tipp: Wenn ihr die zypriotische Version des Gerichts einmal probieren möchtet, einfach den Dill durch frische Minzblätter ersetzen.

Baba Ghanoush (arabisch für „verwöhnter Papa"), der bekannte Auberginensalat, kommt ursprünglich aus dem Nahen Osten, ist aber in unterschiedlichen Variationen überall an der Mittelmeerküste verbreitet. Zubereitet als Paste aus gegrillten Auberginen und Knoblauch ist das Baba Ghanoush eine ganz spezielle Köstlichkeit. Wenn ihr die Möglichkeit habt, die Auberginen auf dem offenen Feuer zu grillen, wird das Gericht durch den zusätzlichen rauchigen Beigeschmack noch köstlicher.

Baba Ghanoush

Zutaten

(bis zu 4 Portionen)

3 Auberginen
1 Knoblauchzehe, gepresst
1 EL Tahini
4 EL Olivenöl
1 EL Petersilie, gehackt
2-3 Prisen Chiliflocken
1 EL Essig oder Zitronensaft
Salz

Zubereitung

(ca. 60 Min.)

- Zunächst mit einer Gabel einige Löcher in die Auberginen stechen und im Grillofen bei 180°C so lange backen, bis sie weich sind (ca. 20 Minuten auf jeder Seite). Die Auberginen aus dem Ofen nehmen, der Länge nach aufschneiden und etwas abkühlen lassen.

- Das Innere der Auberginen vorsichtig mit einem Löffel ausschaben und mit einer Gabel, zusammen mit den restlichen Zutaten, zu einer Creme verrühren.

- In eine Schüssel geben und mit etwas extra Petersilie und Olivenöl bestreuen.

- Mit Pitabrot servieren.

Marinarasauce (oder Matrosensauce) ist eine einfache Tomatensauce, die meistens mit frischer Pasta serviert wird. Häufig mit einer Sauce aus Meerestieren verwechselt, ist die Marinara eigentlich eine einfache vegane Tomatensauce bestehend aus 3-4 Zutaten. Hier also die Marinara als rohköstliche und frische Version. Sie ist ein hervorragender Dip, einfach zuzubereiten und bei jedem Essen ein garantierter Erfolg!

Frische Marinara

Zutaten
(bis zu 6 Portionen)

3-4 mittelgroße Tomaten
2 Knoblauchzehen, gepresst
1½ TL Oregano
4 EL Olivenöl
⅓ TL Salz

Zubereitung
(ca. 10 Min. & 1-2 Std. Ziehzeit)

- Die Tomaten mit einer mittelgroßen Reibe zu Püree verarbeiten und zusammen mit dem Knoblauch und den restlichen Zutaten in eine Schüssel geben und verrühren. (Die Zutaten können auch in einer Küchenmaschine zerkleinert und vermengt werden, allerdings ist der Geschmack bei der oben genannten Methode wesentlich besser!)

- Nun den Dip für 1–2 Std. im Kühlschrank ziehen lassen, damit sich das Aroma der einzelnen Zutaten voll entfalten kann.

- Die Sauce am besten gekühlt und mit frischem Ciabatta oder Grissini servieren.

Tipp: Auch ein ausgezeichneter Belag für Bruschetta oder Grissini (siehe Rezept auf Seite 19)!

Hummus ist ein absolutes Muss in der mediterranen Küche. Traditionell aus Kichererbsen zubereitet, hat das Gericht seinen Namen vom arabischen Wort „Hummus“ für Kichererbse. Es gibt dennoch viele Möglichkeiten, aus unterschiedlichen Hülsenfrüchten leckeren Hummus herzustellen. Im folgenden Rezept werden grüne Erbsen genutzt - diese Variante ist schnell, einfach zuzubereiten und sehr lecker.

Grüner Hummus

Zutaten

(bis zu 6 Portionen)

600 g gefrorene, grüne Erbsen
1-2 Knoblauchzehen
4 EL Tahini
¼ TL Kumin
¼ TL Korianderpulver
2-3 Prisen Paprikapulver
Saft einer kleinen Zitrone
Salz und Olivenöl nach Wunsch

Zubereitung

(ca. 30 Min.)

- Die Erbsen in einen Topf mit Wasser geben und bei mittlerer Hitze kochen, bis die Erbsen weich sind (ca. 15-20 Minuten).

- Das Wasser abgießen und die Erbsen im Mixer oder in der Küchenmaschine pürieren. Während des Pürierens die restlichen Zutaten hinzugeben, bis eine cremige Masse entsteht.

- Mit Salz, Zitronensaft und Olivenöl abschmecken und mit einigen Prisen Paprikapulver verzieren.

- Mit Pitabrot servieren!

Tipp: Für eine bessere Omega-3-, Omega-6-Fettsäuren-Balance den Hummus einfach mit Leinsamen bestreuen.

Mit ihrem starken und scharfen Geschmack passt diese Vorspeise mit dem griechischen Namen Skordalia (das „Knoblauchige") hervorragend zu einem einfachen, roten Landwein. Sie schmeckt sehr gut in Kombination mit gebratenen Zucchini oder Auberginen (z. B. Gegrillte Auberginenröllchen, siehe Rezept auf Seite 47).

Skordalia

Zutaten
(bis zu 6 Portionen)

8 Knoblauchzehen
1 TL Salz
5-6 mittelgroße Kartoffeln, weich gekocht
4 EL Essig
120 ml Olivenöl

Zubereitung
(ca. 10 Min.)

- Den Knoblauch schälen und im Mörser zusammen mit dem Salz zerdrücken. (Solltet ihr keinen Mörser haben, zerdrückt den Knoblauch einfach mit einer Gabel.)

- Die Kartoffeln in Stücke schneiden, ebenfalls in den Mörser geben und zerdrücken.

- Nun langsam den Essig hinzugeben und alles verrühren, bis eine cremige Paste entsteht. Zuletzt das Olivenöl hinzugeben und mit einem Löffel unterrühren. Fertig!

Tipp: Eine der besten Vorspeisen, die zusammen mit Freund_innen genossen werden kann. Nicht immer vor dem ersten Date zu empfehlen, aber (wenn beide davon essen) durchaus währenddessen!

Fava ist eine Paste oder ein Püree aus Bohnen, die über einen längeren Zeitraum langsam gekocht werden. Durch den schonenden Kochprozess werden sie cremig und weich. Der Name des Gerichts kommt von den sogenannten Favabohnen, die vorwiegend im nördlichen Afrika und der östlichen Mittelmeerregion gegessen werden. In Griechenland wird die Fava meistens aus gelben Erbsen zubereitet. Die beste und leckerste Fava kommt von der Vulkaninsel Santorin, wo die Erbsen seit der Antike angebaut werden. Die Fava Santorinis gilt als weltweite Spezialität.

Kräuter Fava

Zutaten
(bis zu 6 Portionen)

250 g getrocknete Favabohnen (halbe, gelbe Erbsen, zu finden in mediterranen Lebensmittelgeschäften)
3 EL Kapern
3 Frühlingszwiebeln, klein gehackt
1 Handvoll Dill, fein gehackt
Saft einer Zitrone
Salz
Olivenöl

Zubereitung
(ca. 35 Min.)

- Die Bohnen mit etwas Salz in einen Topf mit ca. 700 ml kochendem Wasser geben und bei mittlerer bis niedriger Hitze kochen, bis das Wasser fast verkocht ist und die Bohnen weich sind (ungefähr 30 Minuten, bei Bedarf Wasser hinzugeben).

- Nach kurzem Abkühlen die Kapern und die gekochten Erbsen in einer Küchenmaschine zerkleinern, bis alles cremig ist.

- Etwas Öl in eine Pfanne geben, die Frühlingszwiebeln und den Dill für 2-3 Minuten anbraten.

- Den Inhalt der Pfanne gut mit den Favabohnen vermengen und mit Zitronensaft, Salz und Olivenöl abschmecken.

Tomatenpuffer (Seite 55)

Meze

Als „Meze“ wird ein kleiner Vorspeisenteller bezeichnet, der weithin zu Wein, Ouzo, Rakı etc. serviert wird. Es besteht meistens aus einem kleinen Teller unterschiedlicher Köstlichkeiten mit intensivem und salzigem Geschmack. Das Meze kann aus Zutaten wie Oliven, Kapern oder eingelegtem Gemüse, aber auch aus gegrillten und gekochten Köstlichkeiten zubereitet werden. Die folgenden Rezepte sind eine kleine Auswahl an bekannten Meze, die auch einzeln serviert werden können.

Dakos ist eine spezielle Art von dickem und rundem Zwieback aus Kreta. Häufig wird er aus Gerstenmehl hergestellt und mit gehackten Tomaten, Olivenöl und Kräutern serviert. Da der Zwieback eine sehr harte Konsistenz hat, wird er durch den Saft der Tomaten aufgeweicht. Letztlich bezeichnet Dakos die originale Kreta-Version des Gebäcks und kann durch jede Art von Zwieback ersetzt werden.

Dakos

Zutaten

(bis zu 6 Portionen)

3 große, saftige Tomaten
3 große Gerstenzwiebäcke (oder 6 ähnliche mittelgroße Zwiebäcke)
7-8 Oliven, entsteint und klein gehackt
2 EL Zwiebeln, klein gehackt
1 EL Kapern
Oregano und Thymian (wenn möglich frisch)
Salz
Olivenöl

Zubereitung

(ca. 10 Min.)

- Die Tomaten in kleine Würfel schneiden und zusammen mit ihrem Saft auf die 3 Zwiebäcke legen. Darauf die Oliven, die Zwiebeln und die Kapern verteilen. Mit Oregano, Thymian und Salz bestreuen und reichlich Olivenöl darüber geben.

- Danach im Kühlschrank für 20 Minuten kühl stellen und servieren.

Tipp: Optional können noch kleine Stücke Feta (siehe Rezept auf Seite 71) auf die fertigen Dakos gegeben werden.

Eine leichtere Version der frittierten Auberginen, die eine leckere Vorspeise mit einem Tahini- oder Knoblauch-Dip ergibt (z. B. frische Marinara oder Knoblauchpaste, siehe Rezepte auf Seite 35 und 39).

Gegrillte Auberginenröllchen

Zutaten
(bis zu 15 Röllchen)

2-3 Knoblauchzehen, gepresst
4-6 EL Olivenöl
2 Auberginen
¼ TL Salz
2 EL Mandeln oder Pinienkerne, gemahlen
1 EL Hefeflocken
1 Handvoll Petersilie, fein gehackt
2 EL Basilikum, fein gehackt
frischer Pfeffer, gemahlen

Zubereitung
(ca. 25 Min. & 45 Min. Ziehzeit)

- Zunächst die Knoblauchzehen in ein wenig Olivenöl geben und ziehen lassen.

- Die Auberginen in lange, ca. 5 mm dicke Streifen schneiden. Die Streifen in eine Schüssel mit Salzwasser geben und ziehen lassen. Nach ca. 45 Minuten die Streifen mit frischem Wasser abspülen, auswringen und abtropfen lassen.

- Mit einem Pinsel die einzelnen Streifen mit der Knoblauch-Öl-Mischung bestreichen und auf den Grill legen. Auf dem Grill beidseitig solange grillen, bis die Auberginen weich sind (und sie die schönen Grillabdrücke bekommen haben).

- Während des Grillvorgangs die Mandeln bzw. Pinienkerne mit den Hefeflocken mischen. Die fertigen Auberginen mit dem Mandel-Hefe-Mix sowie der Petersilie und dem Basilikum bestreuen. Jetzt die einzelnen Streifen vorsichtig zu dicken Röllchen rollen. Mit Pfeffer bestreuen und servieren.

Tipp: Eine Grillpfanne erweist sich als sehr nützlich, wenn gerade keine Möglichkeit besteht, auf einen echten Grill zurückzugreifen. Eine weitere Alternative bietet hier natürlich der Grillofen.

Ein sehr leckeres Meze, das auch als kleines Fingerfood serviert werden kann. Gut kombinierbar mit Fatousch oder Tabouleh (siehe Rezepte auf Seite 63 und 65).

Geröstete Kichererbsen

Zutaten
(bis zu 4 Portionen)

450 g Kichererbsen, gekocht und abgetropft
60 ml Olivenöl
2-3 Prisen geräuchertes Paprikapulver
2-3 Prisen Pimentpulver
1 Prise Kumin
grobes Salz
2 EL Petersilie, klein gehackt (optional)

Zubereitung
(ca. 10 Min.)

- Olivenöl in einer großen Pfanne erhitzen und die Kichererbsen hinzugeben. Bei großer Hitze 2-3 Minuten unter ständigem Rühren braten, bis sie golden sind und nach Popcorn riechen.

- Mit reichlich geräuchertem Paprikapulver, Pimentpulver, Kumin und etwas grobem Salz würzen und gut vermengen.

- Die Pfanne von der Kochstelle nehmen, nach Wunsch etwas Petersilie darüber streuen und servieren. Sehr einfach und sehr lecker!

Tipp: Für eine etwas leichtere Version können die Kichererbsen, anstatt frittiert, auch für 30 Minuten im Ofen (180°C) gebacken werden.

İmam bayıldı bedeutet so viel wie „der Imam (arabisch für Gelehrter, bedeutende Persönlichkeit) ist ohnmächtig geworden" – eben weil das Essen so gut ist!

İmam bayıldı

Zutaten

(bis zu 8 Portionen)

4 Auberginen
½ TL Salz
ca. 130 ml Olivenöl
2 Zwiebeln, klein gehackt
4 Tomaten, gewürfelt
3 Knoblauchzehen, gepresst
2 EL frische Kräuter (Petersilie, Basilikum, Oregano), fein gehackt
4 EL Paniermehl (optional)
2 EL Hefeflocken (optional)

Zubereitung

(ca. 60 Min. & 60 Min. Ziehzeit)

- Die Auberginen in der Mitte der Länge nach durchschneiden und für eine Stunde in Salzwasser legen.

- Danach die Auberginen abwaschen, abtrocknen und mit der Innenseite nach oben in eine Backform legen. Mit einer Gabel einige Löcher in das Fleisch der Aubergine stechen, salzen und mit 2 EL Olivenöl bestreichen. Danach im Ofen grillen, bis die Auberginen weich sind (ca. 40 Minuten).

- Während die Auberginen grillen, kann die Tomatensauce vorbereitet werden: In einer kleinen Pfanne die Zwiebeln in ca. 6 EL Olivenöl anbraten. Nach 3-4 Minuten den Knoblauch und die Tomaten hinzugeben, nach Belieben salzen und die Kräuter unterrühren. Die Sauce für ca. 20 Minuten köcheln lassen, bis sie etwas andickt, und dann zur Seite stellen.

- Sobald die Auberginen fertig sind, die Backform aus dem Ofen nehmen und die Sauce darüber geben. Danach das Paniermehl zusammen mit den Hefeflocken (falls verwendet) über Auberginen und Tomatensauce streuen und für 10 Minuten im Ofen backen.

- Vor dem Servieren noch einmal Olivenöl darübergeben.

*Die beste Methode **Austernpilze** zuzubereiten und als schmackhaftes Meze zu servieren.*

Austernpilze vom Grill

Zutaten
(bis zu 4 Portionen)

400 g frische Austernpilze
3-4 EL Olivenöl
½ TL Thymian
½ TL Oregano oder Majoran
Salz
frischer Pfeffer, gemahlen
2 EL Balsamico-Essig

Zubereitung
(ca. 20 Min.)

- Die Pilze in eine Schüssel geben und mit Olivenöl beträufeln. Die Kräuter hinzugeben und mit den Händen gut vermengen. Mit Salz und Pfeffer bestreuen und auf den Grill legen.

- Die Austernpilze so lange grillen, bis sie bräunlich werden und die Ecken knusprig sind. Falls der Ofengrill verwendet wird, für ca. 20 Minuten bei 200°C grillen.

- Danach die Pilze vom Grill nehmen und mit Balsamico-Essig und etwas extra Olivenöl beträufeln.

- Sofort servieren!

Frittierte Frikadellen aus frischen Tomaten und Kräutern. Diese Köstlichkeit stammt von den Kykladen, einer Inselgruppe im ägäischen Meer.

Tomatenpuffer

Zutaten
(bis zu 20 Puffer)

4 Tomaten
1 Zwiebel
1 Handvoll Petersilie, fein gehackt
5-6 Minzblätter, fein gehackt
3 EL Fenchelblätter, fein gehackt
1 EL Tomatenmark
Salz
frischer Pfeffer, gemahlen
120 g Weizenmehl
Olivenöl zum Braten

Zubereitung
(ca. 40 Min.)

- Die Tomaten und die Zwiebel mit einer großen Reibe zerkleinern und mit den Kräutern und dem Tomatenmark vermengen. Mit Salz und Pfeffer abschmecken und langsam das Mehl unterrühren, bis ein gleichmäßiger Teig entsteht.

- Nun Olivenöl bei mittlerer Hitze in einer Pfanne erhitzen. Mit einem Esslöffel kleine Mengen des Teigs in die Pfanne geben und beide Seiten goldbraun braten.

Salate

Durch das milde, mediterrane Klima gibt es in der Mittelmeerregion eine große Anzahl an wunderbaren Gemüsesorten, saftigen Früchten und aromatischen Kräutern. Es ist demnach nicht verwunderlich, dass Salate einen wichtigen Teil der mediterranen Ernährung ausmachen. Obwohl selten als eigenständiges Gericht serviert, ist ein großer frischer Salat, kombiniert mit Hülsenfrüchten oder Getreide, ein nahrhaftes und erfrischendes Mittagessen für warme Sommertage. Für einen gelungenen mediterranen Salat empfiehlt es sich (wenn möglich), saisonale und regionale Zutaten zu wählen. Weiterhin begünstigt die Verwendung eines hochwertigen, kaltgepressten Olivenöls ein grandioses Geschmackserlebnis.

Bazargan ist ein Weizengericht mit verschiedenen gerösteten Nüssen und Gewürzen. Es ist ein recht sättigendes Gericht und schmeckt gut mit Couscous oder Bulgur.

Couscous-Bazargan

Zutaten
(bis zu 6 Portionen)

200 g Couscous
1 Handvoll Petersilie, gehackt
4 EL Minzblätter, fein gehackt
6 EL Olivenöl
3-4 EL Tomatenmark
1 TL Kumin
1 TL Korianderpulver
½ TL Pimentpulver
½ TL Paprikapulver
80 g Mandeln (oder Walnüsse)
80 g Haselnüsse
40 g Pinienkerne
4 EL Granatapfelsirup (optional)
Saft einer Zitrone

Zubereitung
(ca. 15 Min.)

- Das Couscous nach Anleitung auf der Verpackung kochen. (Normalerweise wird Couscous in einem Couscoussier gedämpft. Besteht diese Möglichkeit nicht, in eine Schüssel 1 Teil Couscous und 1 Teil heißes Wasser geben. Ein wenig Salz hinzugeben, verrühren und für 5 Minuten abgedeckt ziehen lassen. Danach mit einer Gabel kurz auflockern.)

- In eine große Schüssel Petersilie, Minze, Zitronensaft, Olivenöl, Tomatenmark sowie die Gewürze geben und alles gut verrühren.

- Die Nüsse und Kerne grob zerstoßen, in einer Pfanne für einige Minuten ohne Öl rösten und ebenfalls in die Schüssel geben. Danach das Couscous in die Schüssel geben und gut vermengen.

- Vor dem Servieren ggf. mit Granatapfelsirup beträufeln.

Tipp: Der Sirup kann auch durch eine Handvoll Granatapfelsamen ersetzt werden. Die Samen geben dem Bazargan eine buntere Optik.

Ein erfrischender und nahrhafter Salat nach marrokanischer Art. Wer ihn einmal macht, macht ihn garantiert immer wieder.

Kichererbsensalat

Zutaten

(bis zu 5 Portionen)

2 Tomaten
4 Frühlingszwiebeln
600 g Kichererbsen, gekocht
2-3 EL Oliven, entsteint und gehackt
2-3 getrocknete Tomaten, fein gehackt
1 Handvoll Korianderblätter, klein gehackt
½ TL Kumin
½ TL Pimentpulver
½ TL Ras el Hanout (oder mehr Kumin)
Saft einer kleinen Zitrone
Salz
Olivenöl
frischer Pfeffer, gemahlen

Zubereitung

(ca. 10 Min.)

- Die Tomaten und die Frühlingszwiebeln klein schneiden und zusammen mit den Kichererbsen in eine große Schüssel geben.

- Danach die Oliven, die getrockneten Tomaten, den Zitronensaft, die Korianderblätter und die Gewürze hinzugeben und alles gut vermischen.

- Mit Olivenöl und Salz abschmecken, mit Pfeffer garnieren und servieren.

Ein erfrischender und schmackhafter Salat aus dem Libanon. Fatousch (Salat mit Brotstückchen) hat ein leicht saures Dressing und wird traditionell mit knusprigen Pitabrotecken serviert.

Linsenfatousch

Zutaten

(bis zu 6 Portionen)

180 g Linsen
1 Salatgurke
10 Cherry-Tomaten
8 Radieschen
1 Mini-Romanasalat
3 Frühlingszwiebeln
2 EL getrocknete Tomaten, fein gehackt (optional)
Salz
Saft einer kleinen Zitrone
Olivenöl
1 EL Minzblätter, fein gehackt
1 Yufka-Fladenbrot
2 TL Sumach zum Bestreuen (optional)

Zubereitung

(ca. 25 Min.)

- Die Linsen im Wasser bissfest kochen und zur Seite stellen.

- Das Gemüse klein schneiden und in eine Schüssel geben. Salz, Zitronensaft, Olivenöl und die Minzblätter hinzugeben und alles gut vermengen.

- Das Yufka-Fladenbrot in kleine Dreiecke schneiden und in einer Pfanne mit ca. 2 EL Olivenöl für 1-2 Minuten knusprig braten.

- Nun die Linsen und das angebratene Yufka-Fladenbrot in die Schüssel mit dem Gemüse geben und vorsichtig vermengen.

- Am Ende ggf. mit Sumach bestreuen und servieren!

Einer der beliebtesten und berühmtesten arabischen Salate. Das Tabouleh wird eigentlich mit Bulgur zubereitet, diese Variation mit Quinoa ist allerdings noch nahrhafter und köstlicher.

Quinoatabouleh

Zutaten

(bis zu 6 Portionen)

150 g Quinoa
2 Tomaten
1 Paprika (Farbe nach Wahl)
3 Frühlingszwiebeln
4 Handvoll Petersilie, gehackt
2 TL Korianderpulver
1 TL Salz
6 EL Olivenöl
Saft einer kleinen Zitrone

Zubereitung

(ca. 25 Min.)

- Die Quinoa zunächst abwaschen (am besten in einem feinmaschigen Sieb), dann mit 360 ml Wasser in einen Kochtopf geben und bei mittlerer bis niedriger Hitze 15 Minuten köcheln lassen. Von der Kochstelle nehmen und 5 Minuten quellen lassen.

- Tomaten, Paprika und Frühlingszwiebeln klein hacken und in einer großen Schüssel mit der Quinoa und den restlichen Zutaten vermischen.

- Mit extra Salz, Olivenöl oder Zitronensaft abschmecken und servieren.

Das ist der Salat, den meine Großmutter immer zu ganz besonderen Anlässen gemacht hat. Nachfolgend das Rezept in meiner veganisierten Version.

Omas Tricolore-Salat

Zutaten

(bis zu 5 Portionen)

450 ml vegane Mayonnaise
(siehe Rezept auf Seite 68)
500 g Rote Bete, gekocht
3 Äpfel
4 Karotten
Salz
120 g Walnüsse

Zubereitung

(ca. 15 Min.)

- Zunächst wird die Mayonnaise zubereitet (siehe nachfolgendes Rezept) und in den Kühlschrank gestellt, damit sie gut durchkühlen kann.
- Die Rote Bete mittels einer großen Reibe zerkleinern und zum Abtropfen in ein Nudelsieb geben. Anschließend die Äpfel und Karotten schälen und separat reiben.
- In einer tiefen, mittelgroßen Salatschüssel eine Schicht aus der geriebenen Roten Bete, darauf eine Schicht aus den geriebenen Äpfeln und darauf eine Schicht aus den geriebenen Karotten auslegen. Die oberste Schicht leicht salzen und die vegane Mayonnaise darauf verteilen.
- Den Salat bis zum Servieren in den Kühlschrank stellen. Nach dem Herausnehmen mit den Walnüssen garnieren.
- Der Erfolg ist garantiert!

Tipp: Den Saft der Roten Bete nicht wegschütten, er kann eingefroren und bei Bedarf als Lebensmittelfarbe für Süßigkeiten genutzt werden.

Mayonnaise

Zubereitung:
(ca. 5 Min.)

- Die Sojamilch zusammen mit dem Essig und dem Zitronensaft in den Mixer geben. Kurz umrühren und für 2-3 Minuten ruhen lassen.

- Salz und Gewürze hinzugeben und auf hoher Geschwindigkeit vermengen. Währenddessen langsam das Öl hinzugeben.

- In den Kühlschrank stellen und für ca. 1 Stunde kühlen. Fertig!

Zutaten
(für ca. 450 ml Mayonnaise)

250 ml Sojamilch
2 EL Apfelessig
2 EL Zitronensaft
Salz
1 Prise Kurkuma oder Senfpulver
ca. 200 ml Olivenöl

Bauernsalat mit Feta

Zutaten

(bis zu 5 Portionen)

4-5 saftige Sommertomaten (ca. 1 Kg)
1 grüne Paprika
1 kleine Zwiebel
1 Salatgurke
Salz
3 EL Kalamata-Oliven
Oregano, frisch oder getrocknet
Olivenöl
1 Portion Feta-Käse (siehe Rezept auf Seite 71)

optional (dennoch sehr empfehlenswert):
etwas Essig
Basilikum, frisch
1 kleine Knoblauchzehe, fein gehackt
Kapern

Zubereitung

(ca. 15 Min.)

- Die Tomaten achteln, die Paprika, die Zwiebel und die Salatgurke in Scheiben schneiden und in einer Schüssel zusammen mit etwas Salz und Essig (wenn gewünscht) vermengen.
- Die Oliven auf den Salat geben und die Kräuter, den Knoblauch und die Kapern darauf verteilen.
- Zum Schluss reichlich Olivenöl über den fertigen Salat geben.
- Für einen authentischen Geschmack den Bauernsalat mit Fetawürfeln garnieren!

Der berühmte griechische Bauernsalat wird hier mit veganem Feta serviert. Der Feta ist zwar optional, gibt dem Salat aber die gewisse Originalität.
Der Feta – veganer Käse aus Cashewkernen – kann auch als eigenständige Vorspeise serviert werden. Er ist dick und fest genug, um ihn in Würfel schneiden zu können und dennoch so zart, dass er auf der Zunge zergeht!

Feta

Zutaten

(bis zu 5 Portionen oder für einen Salat als Beilage)

100 g Cashewkerne (für ca. 4 Stunden eingeweicht)
2 EL Zitronensaft
1 EL Essig
¾ TL Salz
2 EL Hefeflocken
1 TL Olivenöl
2 TL Tahini
2 EL Wasser
1 TL Agar-Agar Pulver

Zubereitung

(ca. 15 Min. & 6 Std. Ziehzeit)

- Alle Zutaten, außer dem Agar-Agar, in eine Küchenmaschine geben und solange mixen, bis eine glatte Masse entsteht.

- In einem kleinen Topf das Agar-Agar zusammen mit ¼ Tasse Wasser vermischen und auf mittlerer Stufe erhitzen. Nun für ca. 2 Minuten rühren, bis sich das Agar-Agar komplett im Wasser aufgelöst hat. Das aufgelöste Agar-Agar in die Feta-Masse geben und in einem Topf bei mittlerer Hitze für ca. 1 Minute verrühren, bis es anfängt zu kochen.

- Danach die Feta-Masse von der Kochstelle nehmen, in eine geölte Form geben (Volumen: ca. 2 Tassen und am besten rechteckig) und für mindestens 2 Stunden kühlen.

- Wenn der Feta fest ist, ihn aus der Form stoßen, würfeln und über den Salat geben.

Suppen

Auch Suppen sind in den europäischen Mittelmeerländern eine sehr verbreitete Speise. Eine leichte und dennoch nahrhafte Suppe kann den großen Hunger gut besänftigen und durch ihre geschmackliche Vielfalt gleichzeitig appetitanregend sein. Im Folgenden wird eine kleine Auswahl an Suppen aufgeführt, die eigentlich als Hauptmenü gedacht sind. Ohne Brot und in kleinen Portionen können sie aber auch als erster Gang serviert werden.

*Das folgende Rezept ist eine Eigenvariation der türkischen Suppe „Ezogelin" (Suppe von Ezo, der Braut), eine **Rote-Linsen-Suppe mit frischer Minze**. Herzhaft, cremig und sehr köstlich.*

Rote-Linsen-Suppe mit frischer Minze

Zutaten

(bis zu 4 Portionen)

1 Zwiebel, gehackt
100 ml Olivenöl
Salz
Paprikapulver
3-4 EL Minzblätter, fein gehackt
200 g rote Linsen
700 ml Wasser oder Gemüsebrühe
240 ml passierte Tomaten
½ TL Harissa (oder Chiliflocken)
Saft einer kleinen Zitrone

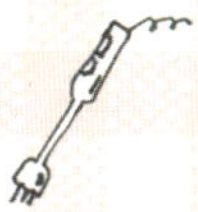

Zubereitung

(ca. 25 Min.)

- Die Zwiebel in einem großen Topf zusammen mit dem Olivenöl für 3-4 Minuten anbraten. Salz, Paprikapulver und Minze hinzugeben und ca. 1 Minute rühren. Nun die Linsen, das Wasser und die passierten Tomaten hinzugeben und die Suppe bei mittlerer Hitze kochen lassen. Rote Linsen kochen wesentlich schneller als braune Linsen und sind nach ca. 15 Minuten fertig.

- Wenn die Linsen weichgekocht sind, den Topf vom Herd nehmen und den Inhalt mit einem Pürierstab cremig mixen.

- Mit etwas extra Minze und Harissa verzieren, Zitrone darüber träufeln und servieren. So lecker!

Tipp: Wer die Suppe gerne scharf haben möchte, kann die Harissa einfach am Anfang zusammen mit den anderen Gewürzen hinzugeben.

Langsam geköchelt und elegant gewürzt bietet diese Suppe ein sehr feines und rundes Geschmackserlebnis. Ideal als erster Gang in einem festlichen Mal.

Französische Zwiebelsuppe

Zutaten
(bis zu 5 Portionen)

500 g Zwiebeln, klein gehackt
ca. 80 ml Olivenöl
120 ml veganer Weißwein
1,2 l Gemüsebrühe
½ TL Rosmarin, getrocknet
½ TL Thymian, getrocknet
2 EL Tamari (alternativ auch Sojasauce)
Salz
frischer Pfeffer, gemahlen
6-7 EL Croutons

Zubereitung
(ca. 80 Min.)

- Die Zwiebeln bei mittlerer Stufe in einem Topf für 10 Minuten anbraten und mit Wein ablöschen.

- Die Gemüsebrühe und die Kräuter hinzugeben und das Ganze für ca. 1 Stunde bei kleiner Hitze köcheln lassen, damit die Zwiebeln ihre Süße entfalten können. Am Ende Tamari, Salz und Pfeffer hinzugeben und gut verrühren.

- Für eine feinere Textur kann die Suppe auch püriert werden. Die Zwiebelsuppe wird heiß serviert und mit den Croutons garniert.

- Für selbstgemachte Croutons: Einige dünne Scheiben Brot aufschneiden und (nach Wunsch) die Kruste entfernen. Die Scheiben würfeln und in einer Pfanne mit ein wenig Öl, Salz und Pfeffer rösten, bis sie knusprig sind. Nach Wunsch können noch einige Prisen Knoblauchpulver oder Kräuter hinzugefügt werden.

- Bon appétit!

Der spanische Klassiker! Eine sehr schnell zubereitete, kühle Suppe mit frischem Gemüse für heiße Sommertage.

Gazpacho

Zutaten

(bis zu 5 Portionen)

2 große Tomaten
2 Salatgurken
1-2 Knoblauchzehen
1 kleine Zwiebel
1 Paprika
1 EL Kapern
1 EL Tomatenmark
2 TL Essig
Salz
Olivenöl

Zubereitung

(ca. 10 Min.)

- Sehr einfach! Das Gemüse in einem Mixer (oder einer Küchenmaschine) so lange mixen, bis es zu einer Suppe wird.

- Das Tomatenmark hinzugeben und mit Essig, Salz und Olivenöl abschmecken.

- Falls das Gazpacho zu fest sein sollte, einfach etwas Wasser nachgießen. Alles gut verrühren und kalt servieren.

- ¡Buen Provecho!

Wenn es etwas Einfaches, Günstiges, aber dennoch Ergiebiges und Nahrhaftes sein soll, dann rate ich zu Kichererbsen! Die bescheidenen und gleichzeitig edlen Kichererbsen machen diese wärmende und deftige Suppe zu einer idealen Speise an kälteren Tagen.

Kichererbsensuppe

Zutaten

(bis zu 5 Portionen)

250 g Kichererbsen (über Nacht eingeweicht)
1,5 l Wasser (oder Gemüsebrühe)
1 Zwiebel, klein gehackt
1 Knoblauchzehe, klein gehackt
Salz
Olivenöl
1 Handvoll Petersilie, klein gehackt
Saft einer Zitrone & 1 TL Schale, gerieben
frischer Pfeffer, gemahlen

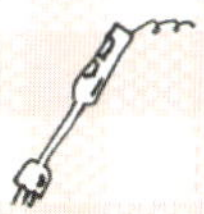

Zubereitung

(ca. 80 Min. & über Nacht einweichen)

- Die Kichererbsen in einen Topf mit Wasser geben. Bei mittlerer Hitze 40-50 Minuten kochen lassen (darauf achten, dass immer genügend Wasser im Topf vorhanden ist).

- Sobald die Kichererbsen anfangen weich zu werden, Zwiebeln, Knoblauch, Salz und Olivenöl hinzufügen und weiter kochen lassen, bis die Kichererbsen weich sind.

- Den Topf von der Kochstelle nehmen und ¾ der Kichererbsen mit einem Schaumlöffel herausnehmen, den Rest im Topf cremig pürieren.

- Danach die restlichen Kichererbsen zusammen mit der Petersilie, der Zitronenschale und dem Zitronensaft wieder in den Topf geben und mit einer guten Menge Pfeffer abschmecken.

Ein auf dem Balkan und im östlichen Mittelmeerraum sehr verbreitetes Gericht. Es ist in zahlreichen Variationen zu finden (mit unterschiedlichem Gemüse oder unterschiedlicher Würzung), einige Versionen werden mit Fleisch zubereitet, weshalb dieses Rezept auch eine Möglichkeit zur Erweiterung mit Tofu bekommt.

Winterliche Minestrone

Zutaten

(bis zu 7 Portionen)

350 g weiße Bohnen (über Nacht eingeweicht)
3 Karotten, klein geschnitten
3 Handvoll Sellerieblätter, gehackt
1 große Zwiebel, fein gehackt
2 EL Tomatenmark
120 ml Olivenöl
1 kleine Chilischote
1 Kräuterwürfel oder 10g Gemüsebrühepulver
200 g geräucherter Tofu, gewürfelt (optional)
Saft von 2 Zitronen
Salz
frischer Pfeffer, gemahlen

Zubereitung

(ca. 90 Min. & über Nacht einweichen)

- Die Bohnen in ca. 2,5 l Wasser kochen. Die Kochzeit und Wassermenge hängt stark von den Bohnen ab. Es gilt die Bohnen mit viel Wasser zu kochen, bis sie weich sind (ca. 45 Minuten).

- Wenn die Bohnen fast fertig sind, Karotten, Sellerieblätter, Zwiebeln, Tomatenmark, Olivenöl, Chilischote, Kräuterwürfel, Tofu, Salz und Pfeffer hinzugeben und köcheln lassen, bis alles zartgegart ist.

- Vor dem Servieren die einzelnen Portionen mit Zitronensaft beträufeln.

Hauptgerichte

Pastitsio (Seite 89)

Hauptgerichte mit Nudeln

La pasta è cotta! Pasta Time! Einfach zu kochen, passend zu jeder Gelegenheit, geliebt von Jung und Alt, lecker und klassisch. Pasta gibt es in Hunderten von Größen und Formen, verschiedenen Farben, sie kann als Hauptgericht serviert werden, als Salat, als Suppe oder sogar als Süßigkeit! Pasta ist einfach eine der beste Grundlagen für ein erfolgreiches Essen und passt zu beinahe jeder Art von Gemüse und Sauce. Von Makkaroni, Tagliatelle, Lasagne oder Cannelloni über Gnocchi zu hausgemachten Ravioli. Selten gibt es eine so große Auswahl bei einer einzigen Speise.
Hier findet ihr eine Auswahl an veganisierten Pastaklassikern, zum Beispiel veganes Pesto und vegane Carbonara oder Rezepte für eine vegane Bolognesesauce und kreative Serviervorschläge für Pasta-Soufflés.

Pastitsio ist ein Nudelauflauf mit drei unterschiedlichen Schichten: Makkaroni, Bolognese- und Béchamelsauce. Sehr lecker und mindestens ebenso ansehnlich.

Pastitsio

Zutaten

(bis zu 6 Portionen)

<u>für die Pastaschicht:</u>
400 g Makkaroni
Wasser, Salz

<u>für die Bolognese-Schicht:</u>
1 Zwiebel, klein gehackt
ca. 100 ml Olivenöl
180 g Sojagranulat
120 ml veganer Rotwein
500 g passierte Tomaten
1 TL Oregano
2 EL Ajvar (optional)
1 EL Tomatenmark
2-3 Prisen Zimt
Salz

<u>für die Béchamelsauce-Schicht:</u>
900 ml Sojamilch
4 EL Weizenmehl
8 EL Weizengrieß
2 EL Hefeflocken
4 EL Olivenöl
Salz
frischer Pfeffer, gemahlen
1 Prise Muskatnuss, gerieben

Zubereitung

(ca. 2 Std.)

- <u>Pastaschicht:</u> Die Makkaroni nach Anleitung in Wasser mit etwas Salz kochen (al dente), danach abtropfen lassen. Mit einer Nudelzange die heißen Makkaroni der Länge nach in eine Auflaufform geben und etwas fest drücken. Eine gute Größe für die Auflaufform sind ca. 20 x 30 cm bei mindestens 6 cm Tiefe. Während die Nudeln abkühlen, wird die vegane Bolognesesauce zubereitet.

- <u>Bolognese-Schicht:</u> In einem Topf die Zwiebel in Olivenöl für 3 Minuten anbraten. Danach das Sojagranulat zusammen mit dem Wein und den passierten Tomaten hinzugeben. Nun Oregano, Ajvar, Tomatenmark und Zimt hinzugeben, salzen und gut verrühren. Die Sauce für ca. 10 Minuten bei mittlerer Hitze köcheln lassen, dann von der Kochstelle nehmen und kurz abkühlen lassen.

- Jetzt die Sauce über die Makkaroni in die Auflaufform geben und gleichmäßig verteilen.

- <u>Béchamelsauce-Schicht:</u> Alle Zutaten in einen Topf geben und gut verrühren. Dann auf die Kochstelle bei mittlerer Hitze stellen und kontinuierlich rühren, bis die Sauce anfängt zu binden. Danach den Topf von der Kochstelle nehmen und die Béchamelsauce über die vegane Bolognesesauce in die Auflaufform geben.

- Die Béchamelsauce gleichmäßig verteilen, die Auflaufform abdecken und im vorgeheizten Backofen bei 180°C (Umluft) für 30 Minuten backen. Danach die Abdeckung entfernen und für weitere 5 Minuten goldbraun backen.

- Nun das Pastitsio aus dem Ofen nehmen und abkühlen lassen. In große Stücke schneiden und servieren!

Giouvetsi *oder „Güvec“ ist ein Gericht, das in unterschiedlichen Ausführungen um den Balkan herum zu finden ist. Ihren Namen haben die Giouvetsi von dem Lehmtopf, in dem sie ursprünglich zubereitet wurden. Nachfolgend findet ihr eine veganisierte Version mit gebackenen Orzo-Nudeln in Tomatensauce. Diese kann eigenständig, mit Seitan, veganer Wurst oder Pilzen zubereitet werden.*

Giouvetsi

Zutaten

(bis zu 4 Portionen)

1 Zwiebel, klein gehackt
80 ml Olivenöl
Salz
frischer Pfeffer, gemahlen
2 Lorbeerblätter
3 EL Tomatenmark
60 ml veganer Weißwein
2 Nelken, gemahlen
½ TL Pimentpulver
4-5 Prisen Zimt
300 g vegane Würstchen, in grobe Stücke geschnitten (für selbst gemachte Würstchen siehe Rezept „Pikantes Gyros“ auf Seite 129)
250 g Orzo-Nudeln
ca. 1 l Wasser

Zubereitung

(ca. 70 Min.)

- Die Zwiebel in einem Topf mit etwas Olivenöl für ca. 3 Minuten anbraten. Danach Salz, Pfeffer, Lorbeerblätter und Tomatenmark hinzugeben, gut verrühren und mit Weißwein ablöschen. Alles noch einmal mit ein wenig Wasser gut verrühren, bis sich das Tomatenmark aufgelöst hat. Die Gewürze hinzufügen und bei mittlerer Hitze kochen lassen.

- Sobald die Sauce anfängt zu kochen, die veganen Würstchen hinzugeben und für weitere 5 Minuten kochen.

- Den Topf von der Kochstelle nehmen und die Sauce in eine mittelgroße Auflaufform geben. Die Orzo-Nudeln und das restliche Wasser beigeben und alles gut durchmischen.

- Im vorgeheizten Ofen abgedeckt für 40 Minuten bei 180°C backen (Umluft).

Der italienische Klassiker Spaghetti alla Carbonara in einer wesentlich leichteren, tofu-köstlichen Version.

Spaghetti alla Carbonara

Zutaten

(bis zu 5 Portionen)

500 g Spaghetti
175 g geräucherter Tofu, in kleine Würfel geschnitten
6 EL Olivenöl
2 Knoblauchzehen
2 EL Petersilie, gehackt
250 ml Sojasahne
4 EL Hefeflocken
Salz
frischer Pfeffer, gemahlen

Zubereitung

(ca. 30 Min.)

- Die Spaghetti nach Anleitung in Wasser mit etwas Salz kochen.

- In einer großen Pfanne den Tofu in ein wenig Olivenöl anbraten, bis er goldbraun ist. Die ganzen Knoblauchzehen und die Petersilie hinzugeben und für einige Minuten anbraten, bis der Knoblauch seinen Geschmack an das Olivenöl abgibt.

- Dann die Knoblauchzehen wieder aus der Pfanne nehmen und die fertigen Spaghetti in die Pfanne geben. Alles unter ständigem Rühren für 1-2 Minuten anbraten. Abschließend die Sojasahne mit den Hefeflocken vermischen und den Tofu-Spaghetti hinzufügen; salzen, pfeffern, alles mischen und von der Kochstelle nehmen.

- Mit Pfeffer bestreuen und sofort servieren.

Dieses vegane Pesto ist super einfach zuzubereiten und bietet viel Raum, um eigene Variationen auszuprobieren. Es kann mit vielen verschiedenen Kräutern verfeinert werden, deshalb bietet es sich an, saisonale Zutaten auszuwählen. Das Pesto kann auch als Dip oder Topping für Salate genutzt werden und eignet sich hervorragend als Aufstrich für Crostinis.

Spinatpesto-Linguine

Zutaten

(bis zu 5 Portionen)

100 g Pinienkerne
300 g frischer Spinat
2 Knoblauchzehen, gepresst
2-3 EL Zitronensaft
2 TL Basilikum, getrocknet
1 TL Salz
frischer Pfeffer, gemahlen
120 ml Olivenöl
2 EL Hefeflocken
500 g Vollkornlinguine

Zubereitung

(ca. 25 Min.)

- Die Pinienkerne ohne Öl und bei mittlerer Hitze für einige Minuten unter ständigem Schwenken so lange rösten, bis sie goldbraun sind und anfangen zu duften.

- Den (zuvor gewaschenen und abgetropften) Spinat in eine Küchenmaschine geben und zerkleinern. Nun den Knoblauch, den Zitronensaft, Basilikum, Salz und Pfeffer hinzufügen und erneut mixen. Währenddessen langsam das Olivenöl hinzugeben, bis alles cremig ist. Am Ende die Pinienkerne und die Hefeflocken beimischen und 1-2 Mal kurz mixen.

- Die Linguine nach Anleitung im Wasser mit etwas Salz kochen.

- Danach die heißen Nudeln mit der Sauce gut vermengen und gleich servieren. Superlecker.

Tipp: Sollte aus unerklärlichen Gründen etwas von der veganen Pestosauce übrig bleiben, so könnt ihr sie in einem Glas mit einer dünnen Schicht Öl darüber mehrere Tage im Kühlschrank aufbewahren.

Lasagne ist eines meiner Lieblingsgerichte. Sie kann auf viele verschiedene Arten zubereitet werden. Mit diversen Gemüsesorten und Saucen schmeckt sie immer wieder gut und aufregend anders! Lasagne ist durch ihre unterschiedlichen Schichten auch visuell ein Erlebnis, also solltet ihr die Möglichkeit nutzen und Freund_innen zum Essen einladen, um die Lasagne mit allen Sinnen gemeinsam zu genießen. Hier findet ihr nun meine optimierte Eigenkreation der klassischen Lasagne, angereichert durch die Magie des Tempehs …

Tempeh-Lasagne

Zutaten
(bis zu 6 Portionen)

6 Lasagneblätter

für die Tempehsauce:
ca. 80 ml Olivenöl
400 g Tempeh, gebröselt
1 Zwiebel, gehackt
2 Knoblauchzehen, gepresst
1 TL Salbei, getrocknet
1 TL Thymian
frischer Pfeffer, gemahlen
3 EL Sojasauce
400 g passierte Tomaten

für die Käsecreme:
500 ml Sojamilch
250 g gekochte weiße Bohnen
8 EL Hefeflocken
½ TL Salz
½ TL Kurkuma
1 TL Senf
3 EL Mehl
4 EL Olivenöl

zum Bestreuen:
1 EL Hefeflocken
2 EL Mandeln, gemahlen

Zubereitung
(ca. 90 Min.)

- Die Lasagne besteht aus zwei Schichten mit jeweils drei Lasagneblättern. Dementsprechend sollte die Auflaufform ca. 7 cm tief sein und in der Breite genügend Platz für drei Lasagneblätter bieten.

- Für die Tempehsauce in einem mittelgroßem Topf das Olivenöl bei mittlerer Stufe erhitzen. Das Tempeh in den Topf geben, gut vermengen und für 3-4 Minuten anbraten, bis es leicht knusprig und braun ist. Nun die Zwiebel, den Knoblauch, die Kräuter und den Pfeffer hinzugeben, gut vermengen und für 3 Minuten sautieren. Mit der Sojasauce ablöschen, und mit den passierten Tomaten verrühren. Die Sauce für ca. 10 Minuten köcheln lassen. Abschließend von der Kochstelle nehmen, bei Bedarf salzen und zur Seite stellen.

- Käsecreme: Alle Zutaten mit einem Mixer oder einer Küchenmaschine zu einer glatten Creme verarbeiten. Die Mischung in einen Topf geben und bei schwacher Hitze verrühren, bis sie andickt.

- Eine Schicht aus drei Lasagneblättern in der Auflaufform auslegen und die Hälfte der Tempehsauce darauf verteilen. Darüber die Hälfte der Käsecreme verteilen. Diesen Schritt für die zweite Schicht wiederholen.

- Am Schluss die Lasagne mit den Hefeflocken und den Mandeln bestreuen, die Auflaufform abdecken und im vorgeheizten Backofen bei 180°C (Umluft) für 30 Minuten backen. Danach die Abdeckung entfernen und für weitere 15 Minuten im Ofen lassen.

- Vor dem Servieren kurz abkühlen lassen.

Sarma *(Seite 100)*

Hauptgerichte mit Reis

Reis ist eine der am weitesten verbreiteten Getreidesorten weltweit. In vielen Regionen ist er die wichtigste Zutat und Hauptlieferant für Proteine, Eisen und Kalzium. Oft wird Reis mit Hülsenfrüchten wie Linsen oder Bohnen kombiniert, was das jeweilige Gericht zu einer sehr geeigneten Quelle für Aminosäuren macht.

Sarma

Häufig werden die Sarma genannten Rollen – in diesem Fall aromatischer Reis mit frischen Kräutern in Weinblättern – als Vorspeise serviert. Die Weinblätter geben dem Gericht ihren herben und unverwechselbaren Geschmack.

Die Weinblätter können in Wasser oder in Salz eingelegt, gefroren oder (noch besser) frisch beim Gemüsehändler gekauft werden. Sollten bei euch in der Umgebung Weinreben wachsen, empfiehlt es sich, diese im Juni oder Juli frisch zu sammeln. Wenn die Weinblätter in Salz oder Salzwasser eingelegt sind, ist es besser, sie vor der Weiterverarbeitung gut abzuwaschen, da sonst die Röllchen sehr salzig werden. Sind die Weinblätter frisch, müssen sie für ca. 1 Minute in kochendes Wasser gelegt werden.

Zutaten

(bis zu 50 Sarma)

250 g Weinblätter (hier eingelegt)
ca. 100 ml Olivenöl
5 Frühlingszwiebeln, klein gehackt
2 Handvoll Dill, klein gehackt
4 EL Minzblätter, klein gehackt
2 EL frische Petersilie, klein gehackt
300 g Mittelkornreis
1 TL Salz
frischer Pfeffer, gemahlen
Saft einer Zitrone

Zubereitung

(ca. 90 Min.)

- Die Weinblätter in eine Schüssel mit Wasser legen.
- In einer Pfanne bei mittlerer Stufe das Olivenöl erhitzen, die Kräuter hinzugeben und für 3-4 Minuten braten. Danach die Pfanne von der Kochstelle nehmen und den Reis in die Pfanne geben. Salzen, pfeffern und gut verrühren.
- Nun ein Weinblatt aus der Schüssel mit dem Wasser nehmen und mit der Rückseite nach oben auf einem Teller ausbreiten. Einen TL des Reis-Mix' in die Mitte des Weinblattes geben und zu einem Röllchen (Sarma) falten: Hierfür zuerst die untere Seite nach oben falten, dann die linke und rechte Seiten nach innen falten und den Rest aufrollen.

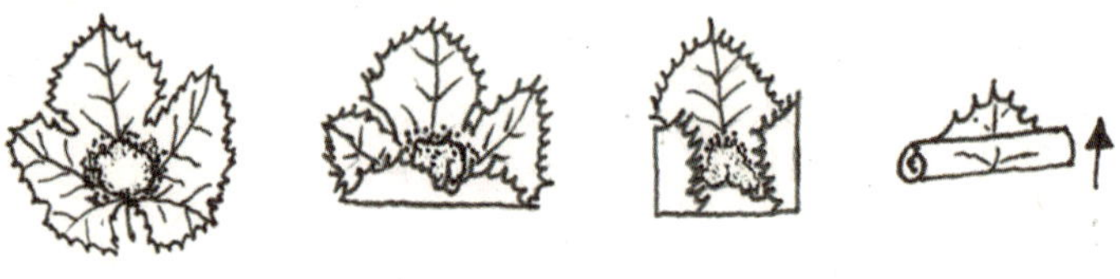

- Diesen Arbeitsschritt wiederholen, bis der ganze Reis aufgebraucht ist.

- Falls Weinblätter übrig bleiben sollten, diese auf den Boden eines großen Topfes legen und die Sarma nebeneinander darauf plazieren. Auf diese Weise den Topf mit den Sarma füllen. Die Sarma müssen eng aneinander liegen, damit sie sich beim Kochvorgang nicht öffnen. Am Ende etwas Olivenöl darüber geben.

- Nun einen Teller, der flach in den Topf passt, mit der Oberseite auf die Sarma legen. Den Topf danach bis knapp über den Teller mit Wasser füllen. Den Topf bei mittlerer bis niedriger Hitze auf die Kochstelle stellen und für 30-40 Minuten kochen lassen. Zwischendurch immer überprüfen, ob genügend Wasser im Topf ist; bei Bedarf Wasser hinzugeben.

- Danach den Topf von der Kochstelle nehmen, den Teller entfernen und die Sarma kurz abkühlen lassen.

- Zum Servieren die Sarma vorsichtig auf einen Teller legen. Mit Zitrone und Olivenöl verfeinern.

- Viel Erfolg!

Tipp: Die Sarma können sehr gut mit der Zitronensauce der Yuvarlak (siehe Rezept auf Seite 107) kombiniert werden!

Paella ist ein Reisgericht, das seine Ursprünge in Valencia hat und hier in einer veganen Variante zubereitet wird. Ihr benötigt eine große, flache Pfanne, und am besten gelingt die Paella, wenn sie auf offener Flamme zubereitet wird. Sie sollte langsam und mit viel Geduld gekocht werden, damit wirklich alle Aromen der Zutaten vom Reis aufgenommen werden können.

Paella Vegana

Zutaten

(bis zu 6 Portionen)

120 ml Olivenöl
1 Zwiebel, in Ringe geschnitten
1-2 Karotten, in dicken Scheiben
3 Paprika, in große Würfel
250 g Mittelkornreis
5-6 Champignons, geviertelt
1 Zucchini, in dicken Scheiben
2 Knoblauchzehen, gepresst
½ TL Pimentpulver
¼ TL Kurkuma
1-2 Prisen Curry
2 EL Kapern
7-8 Oliven, entsteint und klein gehackt
400 g gehackte Tomaten
ca. 240 ml Wasser (oder Gemüsebrühe)
3 Frühlingszwiebeln, gehackt
1 EL Basilikum, frisch und fein gehackt
Salz

Zubereitung

(ca. 60 Min.)

- In einer großen Pfanne 3-4 EL Olivenöl auf mittlerer Stufe erhitzen. Die einzelnen Zutaten schrittweise in die Pfanne geben: Zunächst die Zwiebel und Karotten kurz anbraten, dann die Paprika hinzugeben und kurz anbraten. Danach den Reis, die Pilze, die Zucchini und den Knoblauch in die Pfanne geben. Alles gut verrühren und die Gewürze, Kapern und Oliven untermischen. Anschließend die Tomaten und ca. 120 ml Wasser hinzufügen. Alles salzen und gut verrühren.

- Generell muss die Paella, während sie kocht, ständig umgerührt werden. Falls nötig, einfach etwas mehr Wasser in die Pfanne geben, bis der Reis gar ist – bei mittlerer Hitze sollte dies in ca. 20 Minuten der Fall sein.

- Kurz bevor der Reis fertig gekocht ist, die Frühlingszwiebeln untermischen. Wenn der Reis zart genug ist, die Pfanne von der Kochstelle nehmen und das Basilikum hinzugeben. Für einige Minuten ruhen lassen und in der Pfanne servieren.

Tipp: Das Rezept lässt eine Menge Spielraum für Improvisation! Insofern können nach Wunsch auch weitere Zutaten hinzugefügt werden, zum Beispiel Artischocken, Auberginen, Bohnen oder Rosmarin.

Risotto ist ein traditionelles Gericht aus Norditalien, mit dessen Bezeichnung eine ganze Gruppe von cremigen Reisgerichten mit Biss umschrieben wird.

Pilzrisotto

Zutaten

(bis zu 5 Portionen)

80 ml Olivenöl
500 g Pilze (nach Wahl), in dicken Scheiben
1 Zwiebel, fein gehackt
2 EL Tamari (oder Sojasauce)
300 g brauner Rundkornreis
500 ml veganer trockener Weißwein → viel zu viel, sauer
1 EL Ingwer, fein gehackt → nee
Salz
frischer Pfeffer, gemahlen
ca. 1,2 l heiße Gemüsebrühe
1 EL Schnittlauch, frisch und fein gehackt oder getrocknet
2 EL Hefeflocken

Zubereitung

(ca. 60 Min. & 6 Std. einweichen)

- In einer Pfanne 1-2 EL Olivenöl auf mittlerer Stufe erhitzen. Die Pilze hinzugeben und für ca. 3-4 Minuten anbraten, danach die Zwiebel in die Pfanne geben und für weitere 2 Minuten braten. Mit dem Tamari ablöschen, gut verrühren und danach zur Seite stellen.

- In eine zweite große Pfanne den Rest des Olivenöls geben und bei mittlerer bis hoher Stufe erhitzen. Den Reis hinzufügen und für ca. 1 Minute unter ständigem Rühren anbraten, bis der Reis komplett mit Olivenöl bedeckt ist. Den Wein hinzugeben und gut verrühren. Mit dem Ingwer, Salz und einer guten Menge Pfeffer würzen und die Hitze auf mittel-niedrig reduzieren. Nun nach und nach in kleinen Mengen die Gemüsebrühe hinzugießen und hierbei gut umrühren. Dieser Arbeitsschritt dauert ca. 30-40 Minuten und gibt dem Risotto seine traditionell leicht klebrige Konsistenz.

- Wenn der Reis fast fertig ist, den Schnittlauch und die Pilz-Zwiebel-Mischung dazugeben. Alles gut vermengen und für weitere 5-10 Minuten kochen, bis der Reis weich, klebrig und dennoch bissfest ist!

- Mit viel frischem Pfeffer servieren!

Tipp: Den braunen Rundkornreis findest du in Reformhäusern, Bioläden und auch in gut sortierten Supermärkten. Sollte dieser einmal nicht auffindbar sein, kann er durch weißen Rundkornreis ersetzt werden. Allerdings sollte die Menge der Gemüsebrühe reduziert werden, da weißer Rundkornreis wesentlich schneller kocht als brauner.

Reis-Yuvarlak sind runde Reisbällchen. Entsprechend der Dicke und Menge der Sauce kann Yuvarlak entweder als Reisbällchen mit Zitronensauce oder als Zitronensuppe mit Reisbällchen serviert werden.

Reis-Yuvarlak

Zutaten

(bis zu 6 Portionen)

<u>für die Bällchen:</u>
300 g Jasminreis
600 ml Gemüsebrühe
½ Bund Dill, fein gehackt
3 EL Minzblätter, fein gehackt
Salz
1 kleine Zwiebel, fein gehackt
4 EL Sonnenblumenkerne
1 EL Mehl
Olivenöl zum Anbraten

<u>für die Sauce:</u>
4 EL Olivenöl
1 Zwiebel, fein gehackt
Salz
frischer Pfeffer, gemahlen
500-1000 ml Gemüsebrühe
240 ml Wasser
4 EL Mehl
4 EL Hefeflocken
¼ TL Kurkuma
Saft von 1-2 Zitronen

Zubereitung

(ca. 90 Min.)

- <u>Bällchen:</u> Den Reis nach Anleitung in der Gemüsebrühe kochen. Ihn danach etwas abkühlen lassen und zusammen mit den Kräutern, Salz, Zwiebeln und den Sonnenblumenkernen in eine Schüssel geben und gut verkneten. Bei Bedarf 1 EL Mehl hinzugeben und unterrühren, damit sich die Zutaten besser verbinden.

- Anschließend die Hände leicht befeuchten und 20 kleine Bällchen aus der Masse formen, in einer Pfanne mit Olivenöl goldbraun braten und zur Seite legen.

- <u>Sauce:</u> In einer tiefen Pfanne oder im Topf die Zwiebel mit Salz und Pfeffer in etwas Olivenöl anbraten. Danach die Gemüsebrühe in die Pfanne geben und 5 Minuten lang köcheln lassen. Das Wasser mit dem Mehl, den Hefeflocken, der Kurkuma und dem Zitronensaft verrühren und ebenfalls in die Pfanne geben. Das Ganze einige Minuten lang rühren, bis die Sauce eindickt.

- Die Pfanne anschließend von der Kochstelle nehmen und die gebratenen Reisbällchen hinzugeben. Die Reisbällchen vorsichtig mit der Sauce vermengen und für einige Minuten stehen lassen, damit die Sauce etwas aufgesogen wird.

Tipp: Die Menge der Brühe hängt von der eigenen Vorliebe ab: 500 ml für eine dicke Sauce oder ca. 1 Liter für ein suppiges Gericht. Ich finde beide Varianten lecker!

Gemista bedeutet auf Griechisch „gestopft“ und bezeichnet Gerichte mit gefüllten Tomaten und Paprika. Mit Reis oder Bulgur gefülltes Gemüse kommt in vielen Ländern des Mittelmeers vor, geläufiger ist hierbei allerdings der Name „Dolma“. Die Gemista benötigen verhältnismäßig viel Zeit zur Vorbereitung und zum Backen, allerdings sollte das niemanden abschrecken, da das Ergebnis auf ganzer Linie überzeugt. Gemista sind ein hervorragendes Sommeressen, weil sie warm ebenso gut wie kalt serviert werden können. Für die erfolgreiche Zubereitung ist es wichtig, saftige Sommertomaten zu verwenden, da die Tomaten zu einem großen Teil den Geschmack des Gerichts bestimmen.

Gemista

Zutaten

(bis zu 8 Portionen)

7 große Paprika (Farbe nach Wahl)
7 große Tomaten
2 Zwiebeln, halbiert
4 Handvoll Petersilie (glatt), grob gehackt
1 kleine Paprika (Farbe nach Wahl)
1 EL Salz
500 g Mittelkornreis
100 g Rosinen
ca. 200 ml Olivenöl
4-5 große Kartoffeln, in große Stücke geschnitten

Zubereitung

(ca. 3 Std.)

- Den oberen Teil der großen Paprika abschneiden, so dass eine Art „Deckel" entsteht. Das Innere der Paprika auswaschen, die Samen entfernen und die Paprika in eine Auflaufform stellen. Sie sollte so groß sein, dass Paprika und Tomaten eng beieinander stehen können und etwas Platz für die Kartoffelstücke bleibt.

- Danach die Tomaten waschen und ebenfalls einen „Deckel" abschneiden. Nun mit einem Löffel das Innere der Tomaten vorsichtig herausschaben und in eine Schüssel geben. Die ausgeschabten Tomaten zu den Paprika in die Auflaufform stellen und mit ein wenig Salz und Pfeffer bestreuen.

- Das Innere der Tomaten in eine Küchenmaschine geben und zusammen mit den Zwiebeln, der Petersilie, der kleinen Paprika und 1 EL Salz pürieren. Von der pürierten Tomatensauce ca. 350 ml in ein großes Glas gießen und zunächst zur Seite stellen. Den Rest der Tomatensauce in eine große Schüssel geben und den Reis, die Rosinen und ca. 80 ml Olivenöl untermischen.

- Die fertige Reis-Tomatensauce gleichmäßig in die Paprika und Tomaten füllen. Hierbei sollten Paprika und Tomaten nicht zu hoch befüllt werden, $\frac{4}{5}$ genügen völlig! Danach die „Deckel" auf die Paprika und Tomaten setzen und die Lücken in der Auflaufform mit den Kartoffelstücken füllen. Die 350 ml Tomatensauce aus dem Glas über die komplette Auflaufform verteilen und noch einmal Salz, Pfeffer und Olivenöl darübergeben.

- Abgedeckt im vorgeheizten Backofen (Umluft) bei 200°C für ca. 1,5 Stunden backen oder so lange, bis die Kartoffeln ganz (!) weich sind. Danach ohne Abdeckung für weitere 15 Minuten backen.

Hauptgerichte mit frischem Gemüse

Gemüse liefert nicht nur eine Vielzahl an Vitaminen und Nährstoffen, sondern auch eine Fülle an Geschmack und Aromen. Dabei bieten sich beim Kochen mit Gemüse mehr Möglichkeiten als bloß die Zubereitung eines Salats oder gedünsteter Beilagen. Gerade mit frischen und saisonalen Gemüsesorten können sehr variantenreiche Speisen zubereitet werden, die sich stark in Geschmack, Textur und Farbe unterscheiden. Damit kommen auch die anspruchsvollsten Feinschmecker_innen auf ihre Kosten. Nutzt eure Kreativität und Fantasie, um Gemüse auf neue und innovative Arten zuzubereiten! Seid einfallsreich und erschafft neue Kombinationen mit Kräutern und Pilzen; frittiert sie, backt sie, mariniert sie oder grillt sie am Spieß! Nutzt unterschiedliche Gewürze und ihr werdet vom Geschmack der Gemüsegerichte immer wieder aufs Neue überrascht sein.

Artischockenherzen mit zarten Karotten und Kartoffeln in Dill-Zitronen-Sauce. Das Gericht wird üblicherweise mit frischen Artischocken zubereitet. In diesem Fall benutze ich allerdings tiefgefrorene Artischocken, da sie wesentlich einfacher zu verarbeiten sind, es sei denn, ihr seid Profis im Artischockenschälen …

Artischocken à la Polita

Zutaten

(bis zu 6 Portionen)

1 Zwiebel, klein gehackt
ca. 120 ml Olivenöl
2 Karotten, in Scheiben geschnitten
2-3 Frühlingszwiebeln, klein gehackt
4-5 EL Dill, klein gehackt
500 g Kartoffeln, grob geschnitten
800 g Artischockenherzen, tiefgefroren
120 ml veganer Weißwein
Saft einer großen Zitrone
Salz

Zubereitung

(ca. 60 Min.)

- In einem Topf die Zwiebel mit etwas Olivenöl für 3 Minuten anbraten. Die Karotten hinzugeben, verrühren und für weitere 3 Minuten braten.

- Danach die Frühlingszwiebeln, den Dill, die Kartoffeln und die Artischocken in den Topf geben, alles gut verrühren und mit dem Weißwein ablöschen.

- Anschließend Wasser in den Topf gießen, bis alles bedeckt ist und das restliche Olivenöl, den Zitronensaft und Salz hinzugeben.

- Abgedeckt für ca. 30 Minuten bei mittlerer Hitze kochen lassen, bis das Gemüse zart ist.

Hier ist eine tolle Art und Weise ***Souvlaki*** *aus Pilzen zuzubereiten. Sie können drinnen in einer Grillpfanne gebraten werden, aber auch für Grillparties oder Barbecues eignen sie sich hervorragend. In diesem Fall empfehle ich, gleich die doppelte Menge der Zutaten zu nehmen, da sie auch von nicht veganen Menschen geliebt werden.*

Souvlaki

Zutaten

(für 6 Spieße)

<u>für die Marinade:</u>
2 Knoblauchzehen, gepresst
2 EL Tamari (oder Sojasauce)
2 EL Zitronensaft
ca. 1 EL Kräutermix
(Rosmarin, Oregano, Thymian, Chiliflocken)
½ TL Salz
¼-½ TL geräuchertes Paprikapulver
frischer Pfeffer, gemahlen
2-3 EL Olivenöl

<u>für die Souvlaki:</u>
500 g Champignons
3 Paprika (unterschiedliche Farben), grob geschnitten

Zubereitung

(ca. 60 Min.)

- Alle Zutaten für die Marinade in ein großes, verschließbares Behältnis geben und gut vermengen. Die Pilze hinzugeben, das Behältnis schließen und schütteln, damit die Marinade die Pilze bedeckt. Die Pilze für ca. 30 Minuten in der Marinade lassen.

- Anschließend die Pilze herausnehmen und grillen. Sie sollten dabei weich werden, aber trotzdem saftig bleiben. Danach die Pilze auf die Spieße stecken.

- Nun die Paprika mit der restlichen Marinade vermengen, grillen und ebenfalls auf die Spieße stecken.

- Die fertigen Souvlaki mit frischer Zitrone beträufeln und am besten mit gegrilltem Brot servieren.

Tipp: Nutzt diese Marinade auch für gegrillte Zwiebeln, Zucchini- oder Auberginenscheiben.

Diese Paprikapfanne wird mit langen, frittierten Paprikaschoten und (in der veganisierten Form) mit veganer Wurst zubereitet. Für dieses Rezept benutze ich sehr oft Seitanwürstchen, die auch für das Gyros genutzt werden (siehe Rezept „Pikantes Gyros" auf Seite 129). Als Alternative können auch Auberginen verwendet werden.

Spetzofai

Zutaten

(bis zu 4 Portionen)

ca. 200 g vegane Würstchen
ca. 120 ml Olivenöl
8 grüne Paprika (ca. 500 g), länglich geschnitten
500 g Tomaten, gerieben
2 EL Tomatenmark
½ TL Harissa (oder Chiliflocken)
1-2 Prisen Pimentpulver
1 Prise Muskatnuss, gerieben
Salz
frischer Pfeffer, gemahlen

Zubereitung

(ca. 40 Min.)

- Die veganen Würstchen in grobe Stücke schneiden und in einer großen Pfanne mit etwas Olivenöl für 3-4 Minuten anbraten. Danach die gebratenen Stücke in einen Teller geben und im gleichen Öl die Paprika anbraten. Das Anbraten der Paprika bedarf einer recht großen Menge an Olivenöl, und es sollte immer wieder Öl in die Pfanne nachgegeben werden.

- Sobald die Paprika fertig sind, die veganen Würstchen zu den Paprika in die Pfanne geben und die Tomaten hinzufügen. Harissa, Tomatenmark, Gewürze, Salz und Pfeffer beifügen und für 7-10 Minuten bei mittlerer Stufe köcheln lassen. Bei Bedarf etwas Wasser hinzugießen. Sobald die Sauce verdickt, die Pfanne von der Kochstelle nehmen.

Tipp: Bereitet die Spetzofai ein wenig würziger zu und genießt sie als Meze zusammen mit einem guten roten Landwein.

In einer Rotweinsauce gekochte Zwiebeln bilden die Basis dieses Ragouts. Der Wein ist die wichtigste Zutat in diesem Rezept, da er den Großteil des Geschmacks liefert. Deshalb empfiehlt es sich, hier einen guten roten Landwein zu nutzen. Ziel ist es, das Ragout mit einer geschmacksintensiven, aromatischen und tiefroten Sauce zu versehen.

Stifado

Zutaten

(bis zu 4 Portionen)

500 g Schalotten
ca. 120 ml Olivenöl
250 g kleine Champignons
2 Knoblauchzehen (ungeschält)
¼ TL Oregano
¼ TL Rosmarin
2-3 Lorbeerblätter
Salz
240 ml veganer Rotwein oder Roséwein
250 g passierte Tomaten
1 Schuss Essig
2 Nelken, gemahlen
frischer Pfeffer, gemahlen

Zubereitung

(ca. 80 Min.)

- Zunächst die Zwiebeln schälen und waschen. Danach zusammen mit dem Olivenöl in einen mittelgroßen Topf geben und bei mittlerer Hitze anbraten. Sobald die Zwiebeln anfangen braun zu werden, die Pilze, die Knoblauchzehen, die Kräuter und das Salz in den Topf geben, für 1-2 Minuten umrühren. Dann den Wein, die passierten Tomaten und den Essig beigeben und verrühren.

- Die Gewürze und 250 ml Wasser hinzugeben und für 20-25 Minuten köcheln lassen. Der Eintopf ist fertig, wenn die Sauce den Geschmack der einzelnen Zutaten aufgenommen und den starken Essig-Geschmack fast verloren hat.

- Der Eintopf lässt sich hervorragend mit hausgemachten, gebratenen Kartoffeln kombinieren.

Tipp: Am Ende können die Knoblauchzehen aus dem fertigen Ragout genommen werden, allerdings sind sie ein wirklich aromatischer Bissen.

Dieses Pilz-Moussaka ist die veganisierte Version des wahrscheinlich berühmtesten Gerichts der griechischen Küche. Es ist ein sehr leckeres Rezept, aber auch anspruchsvoll, da es eine Menge an unterschiedlichen Zutaten und eine lange Vorbereitungszeit benötigt. Das Ergebnis belohnt allerdings den Aufwand umso mehr! Moussaka ist ideal für große, festliche Essen, ladet euch also jede Menge Freund_innen ein, um euer Moussaka gemeinsam zu genießen.

Festliches Pilz-Moussaka

Zutaten

(bis zu 10 Portionen)

<u>für die Gemüseschicht:</u>
1,2 kg Zucchini
1,2 kg Auberginen
ca. 1,5 kg Kartoffeln
Salz
Olivenöl zum Braten

<u>für die Pilzsauce:</u>
4-5 EL Olivenöl
2 Zwiebeln, fein gehackt
2 rote Paprika, fein gehackt
750 g Champignons, gehackt
jeweils ½ TL: Oregano, Thymian, Majoran
1 Knoblauchzehe, gepresst
Salz
frischer Pfeffer, gemahlen
240 ml veganer Rotwein
3 EL Tomatenmark
jeweils ¼ TL: Zimt, Nelken, gemahlen und Pimentpulver

<u>für die Béchamelsauce:</u>
750 ml Sojamilch
8 EL Weizenmehl
2 EL vegane Margarine
2 EL Hefeflocken
1 TL Salz
¼ TL Muskatnuss, gerieben

Zubereitung

(ca. 3 Std.)

- <u>Zunächst die Gemüseschicht</u>: Das Gemüse in 5 mm dicke Scheiben schneiden. Die Auberginenscheiben separat in eine Schüssel mit gesalzenem Wasser legen und zur Seite stellen.

- In einer Pfanne die Zucchini- und die Kartoffelscheiben in Olivenöl anbraten und auf einen Teller legen. Anschließend die Auberginen trocknen, ebenfalls in Olivenöl anbraten und auf einen weiteren Teller legen. Das Gemüse sollte nun leicht knusprig und goldbraun sein.

- <u>Die Pilzsauce</u>: In einem Topf die Zwiebeln bei mittlerer Stufe für 3-4 Minuten in Olivenöl anbraten. Danach die Hitze erhöhen und Paprika, Pilze, Kräuter, Knoblauch, Salz und Pfeffer in den Topf geben. Für einige Minuten umrühren, den Wein hinzufügen, für weitere 2-3 Minuten verrühren und die Hitze auf mittel–niedrig stellen. Das Tomatenmark und die Gewürze unterrühren und die Sauce für ca. 10-15 Minuten köcheln lassen. Bei Bedarf ein wenig Wasser hinzugeben.

- In einer großen Auflaufform (Durchmesser ca. 35 cm und mindestens 6 cm Tiefe) das gebratene Gemüse salzen und in drei Schichten auslegen. Auf der obersten Schicht die Pilzsauce gleichmäßig verstreichen.

- <u>Die Béchamelsauce</u>: Hierfür alle Zutaten in einen Topf geben und bei mittlerer Hitze so lange umrühren, bis die Sauce verdickt. Danach den Topf von der Kochstelle nehmen und die Béchamelsauce auf den Pilzen in der Auflaufform verteilen.

- Im vorgeheizten Backofen bei 200°C (Umluft) für ca. 20 Minuten backen, bis die Béchamelsauce goldbraun ist. Das Moussaka vor dem Servieren gut abkühlen lassen und erst dann schneiden!

Hauptgerichte mit Hülsenfrüchten & Fleischalternativen

Hülsenfrüchte sind mitunter die beliebtesten veganen Zutaten! Neben Soja bietet eine Vielzahl an unterschiedlichen Bohnen, Linsen und Erbsen mit ihren mannigfaltigen Formen, Geschmäckern und Farbgebungen eine Quelle für nahrhafte, herzhafte und delikate Gerichte. Reich an Proteinen und Ballaststoffen, gleichzeitig fettarm und energiereich, sind Hülsenfrüchte ein Muss für jeden Ernährungsstil. Viele der nachfolgenden Rezepte werden mit Getreide ergänzt, was dazu dient, die Gerichte kreativer und noch nahrhafter zu gestalten.

Ćevapčići sind serbische, kleine Kebabs. Diese vegane Variante wird in Form von kleinen Frikadellen mit Knoblauch und reichlich Paprikapulver zubereitet und gegrillt.

Ćevapčići

Zutaten

(bis zu 18 Stück)

150 g Sojagranulat
¾ TL geräuchertes Paprikapulver
¾ TL Salz
¼ TL Kumin
2 Knoblauchzehen, gepresst
1 EL Ajvar (oder 1 pürierte rote Paprika)
1 EL Olivenöl & extra zum Bepinseln
frischer Pfeffer, gemahlen
90 g Gluten

<u>zum Servieren:</u>
Saft einer Zitrone
3-4 EL Ajvar (optional)
gegrillte Zwiebeln (optional)

Zubereitung

(ca. 90 Min.)

- Das Sojagranulat nach Anleitung zubereiten und gut abtropfen lassen. Alle Zutaten in eine Schüssel geben und per Hand gut durchkneten (das Gluten als letztes hinzugeben).

- Aus dem entstandenen Teig werden nun längliche Frikadellen geformt (ca. 15-18 Stück). Die Frikadellen in einen Dampfkorb legen und für 30 Minuten dämpfen, bis sie fest sind.

- Danach die Frikadellen aus dem Topf nehmen, mit Olivenöl bepinseln und auf einem Grill oder in einer Grillpfanne für einige Minuten grillen.

- Mit ein wenig Zitronensaft servieren und für einen noch authentischeren Geschmack mit reichlich Ajvar und gegrillten Zwiebeln kombinieren!

Viele unter uns haben einen Lieblingsfalafelimbiss, insbesondere die vegan und vegetarisch lebenden Menschen. Sicherlich tragen das Pitabrot und die Sauce ihren Teil zum Geschmack der Falafel bei, allerdings ist der wichtigste Teil einer perfekten Falafeltasche: die ***Falafel*** *selbst. Die besten Falafeln werden aus eingeweichten, rohen Kichererbsen zubereitet und mäßig gewürzt. Ebenso wichtig ist eine gute Tahinisauce und natürlich warmes Pitabrot. Bereitet euch darauf vor, dass von nun an euer Lieblingsfalafelimbiss die eigene Küche sein wird!*

Falafel

Zutaten

(bis zu 20 Falafeln)

250 g Kichererbsen (über Nacht eingeweicht)
1 große Zwiebel
2 Knoblauchzehen (optional)
2-3 Handvoll Petersilie, gehackt
1 Handvoll Korianderblätter, gehackt (oder 2 TL Korianderpulver)
1 TL Kumin
1 TL Salz
2 EL Mehl
Olivenöl zum Braten

Zubereitung

(ca. 60 Min. & über Nacht einweichen)

- Die Kichererbsen waschen und abtropfen lassen.

- Danach in eine Küchenmaschine geben und fein zerkleinern; je feiner, desto besser. Die Zwiebel, den Knoblauch und die Kräuter untermischen und zerkleinern. Nun das Kumin, das Salz und das Mehl hinzugeben und ein weiteres Mal mixen.

- In einer Pfanne bei mittlerer bis starker Stufe Olivenöl erhitzen. Mit einem Falafellöffel (oder einem Esslöffel/Eisportionierer) eine kleine Menge der Kichererbsenmasse aufnehmen und gegen den Handballen drücken, um kleine Bällchen zu formen. Die Bällchen direkt nach dem Formen in die Pfanne geben und für 1-2 Minuten auf jeder Seite goldbraun braten. Das war's!

- Viel Erfolg, obwohl dieses Rezept noch nie schiefgegangen ist!

Hier findet ihr den besten Weg zu veganen ***Gyros****würstchen, die im arabischen Raum auch „Schawarma“ genannt werden. Wenn die Technik einmal erlernt ist, kann dieses Rezept mit unterschiedlichen Kräutern und Gewürzen erweitert werden, um verschiedene Seitangerichte zuzubereiten.*

Pikantes Gyros

Zutaten
(bis zu 8 Portionen)

180 g Gluten
4 EL Sojamehl
4 EL Hefeflocken
1 EL Zwiebelpulver
jeweils ½ TL: geräuchertes Paprikapulver, Oregano, Thymian, Salz
jeweils ¼ TL: Kumin, Pimentpulver, frischer gemahlener Pfeffer, scharfes Paprikapulver, Korianderpulver
240 ml kaltes Wasser
3 Knoblauchzehen, gepresst
Olivenöl

Zubereitung
(ca. 80 Min.)

- In einer großen Schüssel alle trockenen Zutaten miteinander vermengen.

- In einer anderen Schüssel Wasser, Knoblauch und 1 EL Olivenöl vermengen und zu den trockenen Zutaten hinzugeben. Alles per Hand verkneten, bis ein elastischer Teig entsteht.

- Den Teig in 8 gleich große Portionen teilen und sie in kleine Würstchen formen. Die einzelnen Würstchen mit Backpapier umwickeln und die Enden gut zudrehen.

- Nun sie in einen Dampfkorb legen und für 45 Minuten dämpfen. Um sie für einen späteren Zeitpunkt aufzubewahren oder für ein anderes Rezept zu nutzen, können an diesem Punkt die fertigen Würstchen in den Kühlschrank gelegt werden.

- Danach das Backpapier entfernen und in dünne Scheiben schneiden. Die Scheiben für 1-2 Minuten in einer Pfanne mit Olivenöl anbraten und heiß servieren.

- Serviervorschlag: Die Scheiben zusammen mit Tomaten, Zwiebeln, Pommes und veganem Tzatziki (siehe Rezept auf Seite 31) in ein Pitabrot wickeln. Super lecker!

Ein sehr bekanntes türkisches Rezept für Frikadellen aus Linsen. Eigentlich heißen sie Mercimek Köftesi (was so viel bedeutet wie Linsenbulette) und werden normalerweise aus Bulgur zubereitet; ich finde Hirse aber wesentlich geschmackvoller und exotischer. Traditionell werden die Frikadellen auf frischen Romanasalatblättern serviert und sind somit auch als Partysnack oder Fingerfood geeignet.

Rote-Linsen-Bällchen

Zutaten

(bis zu 22 Bällchen)

180 g rote Linsen
ca. 900 ml Wasser
Salz
180 g Hirse
1 Zwiebel, fein gehackt
120 ml Olivenöl
2 EL Tomatenmark
3 EL Ajvar
4 Frühlingszwiebeln, fein gehackt
2 Handvoll Petersilie, klein gehackt
frischer Pfeffer, gemahlen

<u>zum Bestreuen:</u>
Paprikapulver
gehackte Petersilie
Sumach (optional)

Zubereitung

(ca. 80 Min.)

- In einem mittelgroßen Topf die Linsen bei mittlerer Stufe im Wasser zusammen mit etwas Salz kochen. Wenn die Linsen weich werden (nach ca. 5 Minuten), die Hirse hinzugeben. Alles für 10 Minuten köcheln lassen, von der Kochstelle nehmen und abgedeckt so lange ziehen lassen, bis die Hirse weich wird und das ganze Wasser aufgesogen hat (ca. 30 Minuten).

- Die Zwiebel für 3-4 Minuten in ein wenig Olivenöl anbraten und mit den restlichen Zutaten in den Topf geben und gut vermengen. Die Masse abkühlen lassen, danach durchkneten und kleine Frikadellen formen.

- Mit Paprikapulver, Petersilie und ggf. Sumach bestreuen und servieren.

Tipp: Sollte kein Ajvar vorhanden sein, kann es mit 2-3 pürierten eingelegten roten Paprika ersetzt werden.

Kleine „Frikadellen aus Smyrna" oder „İzmir Köftesi". Diese frittierten Schwarzaugenbohnenbällchen in Tomaten-Kuminsauce sind ein sehr geschmacksintensives und sättigendes Gericht, das eigentlich mit Reis oder Kartoffeln serviert wird. Es kann auch als vegane Spaghetti mit "Fleischbällchen" serviert werden.

Soutzoukakia

Zutaten

(bis zu 6 Portionen)

<u>für die Bällchen:</u>

600 g Schwarzaugenbohnen, gekocht
150 g Haferflocken
1 Knoblauchzehe, gepresst
½ TL geräuchertes Paprikapulver
2 TL Schawarma-Gewürzmischung (oder ähnliche Gewürzmischung mit Korianderpulver, Kumin, Pimentpulver, Thymian, Oregano)
½ TL Salz
2 TL Weizenmehl & extra Mehl zum Wälzen
Olivenöl zum Braten

<u>für die Sauce:</u>

4 Tomaten, gerieben
3 EL Tomatenmark
2 Knoblauchzehen, gepresst
1 TL Kumin
½ TL Zimt (optional)
ca. 750 ml Wasser
Salz
frischer Pfeffer, gemahlen
2-3 EL Olivenöl

Zubereitung

(ca. 80 Min.)

- <u>Für die Bällchen</u> werden die Bohnen zusammen mit den Haferflocken und dem Knoblauch in einer Küchenmaschine zerkleinern, bis alles cremig ist. Wenn die Mischung zu trocken sein sollte, etwa eine ½ Tasse Wasser zugeben. Die Masse in eine Schüssel geben und die Gewürze, das Salz und 2 TL Mehl hinzufügen. Danach alles mit der Hand gut durchkneten und längliche Frikadellen (die Soutzoukakia) formen.

- Die Soutzoukakia in Mehl wälzen und zur Seite stellen.

- In einer Pfanne Olivenöl erhitzen und die Soutzoukakia für ca. 3 Minuten anbraten. Hierbei die Soutzoukakia vorsichtig wenden, damit auf jeder Seite eine Kruste entsteht. Danach die fertig gebratenen Soutzoukakia in eine tiefe Pfanne legen und zur Seite stellen.

- <u>Sauce:</u> Hierfür alle Zutaten in einen Topf geben und bei mittlerer Hitze so lange kochen, bis sich die Sauce bindet (ca. 15 Minuten). Wenn die Sauce fertig ist, über die Soutzoukakia geben und für 10 Minuten ziehen lassen.

Tipp: Die Schwarzaugenbohnen können auch durch andere Hülsenfrüchten ersetzt werden (Kichererbsen zum Beispiel).

Gewürzte, marinierte und gegrillte Tofuwürfel. Dieser Tofu-Kebab kann zu fast allem serviert werden und stiehlt auch fast allem die Schau.

Tofu-Kebab

Zutaten

(bis zu 6 Portionen)

400 g Tofu

<u>für die Marinade:</u>
Saft einer Zitrone
4 EL Olivenöl
2 Knoblauchzehen, gepresst
¾ TL Salz
jeweils ½ TL: Paprikapulver, Kumin, Oregano
jeweils ¼ TL: Korianderpulver, Pimentpulver, Thymian, Minze getrocknet, Bockshornklee

<u>zum Servieren:</u>
gehackte Zwiebeln
Pitabrot
gehackte Petersilie
Tomaten
Paprikapulver

Zubereitung

(ca. 30 Min. & über Nacht ziehen lassen)

- Den Tofu in ca. 2 cm große Würfel schneiden und in eine Frischhaltebox legen. Danach alle Zutaten für die Marinade vermischen und über den Tofu in die Box geben. Die Box fest verschließen und gut schütteln, damit sich die Marinade überall verteilt.

- Über Nacht in den Kühlschrank stellen und wenn möglich während der Ziehzeit einige Male schütteln.

- Um die Tofu-Kebabs zu grillen, den Inhalt der Box auf ein Backblech geben und bei 200-220°C für 20 Minuten im Grillofen grillen. Die Tofu-Kebabs können auch in einer Grillpfanne zubereitet werden.

- Danach die gebackenen Würfel auf ca. 6 Spieße verteilen. Mit Zwiebeln, Pitabrot, Petersilie und Tomaten servieren und mit Paprikapulver bestreuen.

Süßspeisen

Walnussperlen (Seite 149)

Süße Bissen

Hier findet ihr eine Sammlung von einfach zuzubereitenden Rezepten, die entweder als Dessert oder als Süßigkeit für zwischendurch gegessen werden können. Die Rezepte (von denen sich einige auch sehr gut als Geschenk oder Mitbringsel eignen) unterscheiden sich voneinander in ihrem Stil, sodass jedes Einzelne seinen eigenen verführerischen Charme hat.

***Halva**, „die Wüste“, ist eine sehr bekannte Süßigkeit, die unter anderem im Nahen Osten, auf der Balkanhalbinsel und in einigen afrikanischen Ländern zu finden ist. Das Rezept variiert hierbei sehr stark, wobei die Grundlage immer ähnlich bleibt: Etwas Süßes (Zucker oder Sirup), etwas Öliges (Nussbutter oder Öl) und etwas Stärkehaltiges (Grieß oder Samen). Hinzu kommen Gewürze oder getrocknete Früchte, um den Geschmack zu erweitern. Die Version, die ich hier aufführe, ist ein würziger Grießkuchen mit Olivenöl und Traubensirup.*

Halva

Zutaten
(bis zu 8 Portionen)

120 ml Olivenöl
190 g Weichweizengrieß
80 g Mandeln, gehackt (oder Pinienkerne)
½ TL Zimt
2-3 Nelken, gemahlen
240 ml Traubensirup (oder Agavendicksaft oder anderer Sirup)
500 ml Wasser

<u>für die Karamellisierung:</u>
2 EL vegane Margarine
2 EL Rohrohrzucker
2-3 Prisen Zimt
50 g Rosinen, getrocknet
50 g Feigen, getrocknet und klein gehackt
2 Schuss Rakı oder Grappa (optional)

Zubereitung
(ca. 40 Min.)

- In einem Topf das Öl mit dem Grieß bei mittlerer Stufe erhitzen. Nun die Mandeln hinzugeben und für 10 Minuten kontinuierlich rühren, bis der Grieß goldbraun wird (Vorsicht: Der Grieß brennt schnell an). Am Ende den Zimt und die Nelken kurz unterrühren. Den Topf von der Kochstelle nehmen und vorsichtig den Sirup zusammen mit dem Wasser unter ständigem Rühren dazugießen. Danach bei niedriger Hitze so lange rühren, bis eine klebrige Masse entsteht, anschließend von der Kochstelle nehmen.

- Die Masse abkühlen lassen und die Früchte für die Karamellisierung vorbereiten: Hierfür in einem kleinen Topf die Margarine und den Zucker bei mittlerer Hitze schmelzen lassen. Dann den Zimt hinzugeben und gut verrühren, bis ein dickflüssiger Sirup entsteht. Danach die getrockneten Früchte in den Topf geben und alles gut verrühren, bis die Früchte anfangen zu karamellisieren. Mit dem Rakı ablöschen, verrühren und von der Kochstelle nehmen. Die karamellisierten Früchte zu der abgekühlten Grießmasse geben, vermengen und in sechs bis acht Förmchen geben.

- Zum Servieren die Förmchen stürzen und mit Zimt und Mandeln garnieren.

Tipp: Das Rezept kann auch mit anderen getrockneten Früchten zubereitet werden, zum Beispiel mit Aprikosen, Pflaumen oder Datteln.

Ein sehr altes und traditionelles Rezept für hausgemachte Marzipanpralinen.

Mandelbirnchen

Zutaten

(bis zu 20 Pralinen)

180 g Mandeln, gemahlen
50 g Puderzucker
3 EL Rosenwasser
Schale einer halben Zitrone, gerieben
Puderzucker zum Bestreuen
20 Nelkenknospen

Zubereitung

(ca. 20 Min. & 2 Std. ziehen lassen)

- Die Mandeln zusammen mit dem Zucker, dem Rosenwasser und der Zitronenschale in eine Schüssel geben und gut miteinander verkneten. Die Masse 1-2 Stunden abgedeckt ruhen lassen, damit die entstandene Flüssigkeit aufgesogen werden kann.

- Danach kleine Mengen des Teigs in 20 Birnchen formen. Die fertigen Pralinen mit Puderzucker bestreuen und an der Spitze mit einer Nelkenknospe garnieren.

Die Zubereitung einer leckeren Panna Cotta ist gar nicht so schwierig. Mit einem farbenfrohen Sirup kombiniert ist sie ein echter Hingucker.

Panna cotta

Zutaten

(bis zu 4 Portionen)

400 ml Kokosnussmilch
3 TL Rohrohrzucker
4 TL Agartinepulver (oder ½ TL Agar-Agar-Pulver)
Etwas Vanillepulver

<u>zum Garnieren:</u>
hausgemachter Fruchtsirup oder Schokosirup

Zubereitung

(ca. 15 Min. & 2 Std. im Kühlschrank)

- Alle Zutaten in einen kleinen Topf geben und auf mittlerer Stufe erhitzen. Unter ständigem Rühren verdicken lassen, bis sich Bläschen bilden. Danach den Topf von der Kochstelle nehmen und die Masse abkühlen lassen.

- 4 Förmchen mit etwas Wasser ausspülen und die Masse in gleichen Mengen in die Förmchen geben (ca. eine halbe Tasse pro Förmchen). Die Förmchen nun für 2 Stunden in den Kühlschrank stellen, bis die Panna cotta fest wird.

- Danach mit einem Messer vorsichtig die Panna cotta von den Förmchen lösen und auf einen Teller stürzen. Nun noch den Sirup darüber geben, fertig!

Tipp: Um einen wirklich einfachen Schokosirup für die Panna cotta zu machen, einfach ein wenig Zartbitter-Schokolade zusammen mit Espresso einschmelzen.

Salame di Cioccolato (im Deutschen auch als „Kalter Hund" bekannt) ist die leckerste „Salami" überhaupt! Aufgrund ihres Aussehens trägt sie auch Namen wie „Mosaik" oder „Stamm".

Salame di Cioccolato

Zutaten

(bis zu 8 Portionen)

200 g vegane Kekse, nach Wahl (z. B. Orangenkekse, Rezept auf Seite 157)
125 g vegane Margarine, Raumtemperatur
3 EL Puderzucker
3 EL Kakao
etwas Vanillepulver
4 EL Sojamilch oder eine andere pflanzliche Milch

Zubereitung

(ca. 20 Min. & 3 Std. im Gefrierschrank)

- Die Kekse in eine Schüssel geben und per Hand grob zerkleinern. Die Margarine, den Puderzucker, den Kakao und die Vanille hinzugeben und zu einer Masse verarbeiten. Zum Schluss schrittweise die Sojamilch zugießen und noch einmal kurz vermengen. Hier sollte kurz gekostet werden, um nach Bedarf mit Kakao und Puderzucker nachzusüßen.

- Die Masse in eine Salamiform kneten, mit Backpapier umwickeln und die Enden zudrehen. Nun die Salami für ca. 3 Stunden in den Gefrierschrank legen, bis sie gefroren ist.

- Danach das Backpapier entfernen, die Salami in Scheiben schneiden und servieren.

Ein sehr altes, original veganes Rezept meiner Großmutter, das wunderbare, kleine und süße Leckereien für Geburtstage ergibt.

Walnussperlen

Zutaten
(bis zu 20 Perlen)

100 g Walnüsse
80 g vegane Kekse, nach Wahl
2 EL Puderzucker
1 TL Kakao
2 EL Brandy (alternativ Wasser oder Saft)
etwas Rohrohrzucker zum Wälzen

Zubereitung
(ca. 20 Min.)

- Die Walnüsse in einer Küchenmaschine grob zerkleinern und in eine Schüssel geben.
- Die Kekse ebenfalls in einer Küchenmaschine zerkleinern und zu den Walnüssen geben. Nun den Puderzucker und den Kakao in die Schüssel streuen und alles gut vermengen. Danach den Brandy hinzugeben und alles per Hand verkneten, bis ein glatter und fester Teig entsteht (bei Bedarf 1-2 EL Wasser zugießen).
- Aus dem fertigen Teig werden nun ca. 20 kleine Kugeln geformt. Diese werden noch im Rohrohrzucker gewälzt und die Perlen sind fertig.

Revani (Seite 159)

Kuchen und Gebäck

Die Süßigkeiten in diesem Kapitel werden eigentlich weniger als Nachtisch, sondern vielmehr als süße Bissen zum Kaffee oder Tee serviert. Sucht euch die Süßigkeit dem Anlass entsprechend aus, serviert eure Kuchen bei Treffen mit Freund_innen und löst Jubelschreie aus!

Mein absoluter Favorit unter den Marmeladenkuchen, hier als veganisierte Version. Schmeckt besonders gut mit hausgemachter Kirsch-, Orangen-, oder Aprikosenmarmelade.

Pasta Flora

Zutaten
(bis zu 8 Portionen)

<u>für den Boden:</u>
300 g Weizenmehl
180 ml Pflanzenöl
120 ml Apfelmus
1 TL Backpulver
2 EL Zucker
¼ TL Salz
etwas Vanillepulver

<u>für die Füllung:</u>
450 ml Marmelade (nach Wahl, am besten selbstgemacht)

Zubereitung
(ca. 20 Min. & 40 Min. backen)

- In einer Schüssel die Zutaten für den Boden mischen und zu einem Teig verarbeiten.

- Etwa ¼ des Teigs (für die später auf der Oberseite verwendeten Streifen) zurücklegen und die restlichen ¾ in einer Kuchenform ausbreiten (Durchmesser ca. 22 cm). Jetzt die Füllung über den Boden geben.

- Das zurückgelegte ¼ des Teiges ausrollen und mit einem Messer in Streifen schneiden. Anschließend die Streifen auf der Füllung so anordnen, dass ein Karomuster entsteht.

- Im vorgeheizten Backofen bei 190°C (Ober- und Unterhitze) für ca. 40 Minuten backen.

Zweifach gebackene Kekse mit Ouzoaroma. Passen sehr gut zum Kaffee!

Anis-Cantuccini

Zutaten

(bis zu 30-40 Cantuccini)

200 g Rohrohrzucker
80 g Mandeln (oder Pistazien)
240 ml Orangensaft
120 ml Olivenöl
½ TL Zimt
2 TL Anissamen
500 g Weizenmehl
½ TL Natron
2 EL Sesam

Zubereitung

(ca. 15 Min. & 80 Min. backen)

- In einer Schüssel den Zucker, die Mandeln, den Orangensaft, das Olivenöl, den Zimt und die Anissamen vermengen. Das Mehl mit dem Natron vermischen, schrittweise in die Schüssel geben und alles zu einem glatten Teig verarbeiten.

- Den Teig in zwei Teile teilen und zwei kleine Laibe formen. Die Laibe auf ein Backblech legen, mit Sesam bestreuen und mit einem Messer 1,5 cm breite Stücke markieren.

- Im vorgeheizten Backofen bei 180°C für ca. 40 Minuten backen (Umluft), bis sie anfangen eine goldene Farbe anzunehmen. Nun aus dem Ofen nehmen und kurz abkühlen lassen.

- Mit einem scharfen Messer die Laibe an den Markierungen in Scheiben schneiden. Die einzelnen Scheiben auf einem Backblech auslegen und bei gleicher Temperatur noch einmal 20-25 Minuten backen (zwischendurch einmal wenden).

Ein Rezept aus der großen, vorösterlichen griechischen Fastenzeit. Der Spaß beginnt bereits beim Formen der Kekse und wird verstärkt durch den köstlichen Geruch, den der Teig während des Backens versprüht.

Orangenkekse

Zutaten
(bis zu 40 Kekse)

180 ml Olivenöl
240 ml Orangensaft
1 Schuss Brandy (optional)
Schale einer Orange, gerieben
5 EL Rohrohrzucker
½ TL Zimt
½ TL Natron
½ TL Backpulver
450 g Weizenmehl
Saft einer halben Zitrone

Zubereitung
(ca. 40 Min. & 20 Min. backen)

- In einer Schüssel alle flüssigen Zutaten und die Orangenschale miteinander vermengen. In einer zweiten Schüssel Zucker, Zimt, Natron und Backpulver vermischen und zu den flüssigen Zutaten hinzugeben. Alles gut durchmischen und danach das Mehl schrittweise dazugeben, bis ein leicht klebriger Teig entsteht.

- Den Teig für 30 Minuten ruhen lassen und danach die Kekse formen. Hierfür eine walnussgroße Menge vom Teig nehmen und kleine Ringe oder Zöpfe formen.

- Die Kekse auf ein Backblech legen und im vorgeheizten Backofen (Ober- und Unterhitze) bei 180°C für 20-22 Minuten backen.

Ein sehr altes Rezept für einen einfachen Sirupkuchen mit köstlichem Aroma und fantastischer Textur.

Revani

Zutaten

(bis zu 12 Portionen)

1 TL Natron
1 TL Backpulver
100 g Rohrohrzucker
120 g vegane Margarine (Raumtemperatur)
1 TL Orangenschale
etwas Vanillepulver
360 ml frischer Orangensaft
300 g Weichweizengrieß

für den Sirup:
400 g Rohrohrzucker
360 ml Wasser
Saft einer halben Zitrone
2 EL Rosenwasser (optional)

zum Bestreuen:
gehackte Pistazien

Zubereitung

(ca. 60 Min. & über Nacht ziehen lassen)

- Den Weizengrieß zusammen mit Natron und Backpulver in einer Schüssel vermengen. In einer weiteren Schüssel den Zucker zusammen mit der Margarine, der Orangenschale und der Vanille vermischen. Langsam den Orangensaft und die Weizengrießmischung hinzugeben und weiter verrühren. Den fertigen Teig für 1-2 Stunden ruhen lassen.

- Danach den Teig ein weiteres Mal durchkneten und in eine Backform geben (Durchmesser ca. 20-22 cm). Im vorgeheizten Backofen bei 180°C (Ober- und Unterhitze) für 35-40 Minuten backen.

- Während der Kuchen im Ofen ist, kann der Sirup zubereitet werden: Hierfür die Zutaten für den Sirup in einen kleinen Topf geben und bei mittlerer Hitze auf die Kochstelle stellen. Für 3-4 Minuten kochen lassen und wieder von der Kochstelle nehmen. Sobald der Kuchen fertig gebacken ist, aus dem Ofen nehmen und den heißen Sirup darüber gießen.

- Den Kuchen zur Seite stellen, damit er den ganzen Sirup aufsaugen kann (über Nacht oder mindestens 8-10 Stunden). Schließlich den Kuchen in Rauten schneiden und vor dem Servieren mit Pistazien bestreuen.

Tipp: Falls Mastixharz aus Chios vorhanden sein sollte, einen halben Teelöffel Mastixharz im Mörser zermahlen und in den Teig geben. Das Mastixharz gibt dem Kuchen ein ganz spezielles Aroma.

Dieser Milchbörek oder „Milchkuchen“ kann mit jeder Sorte pflanzlicher Milch hergestellt werden.

Galaktobureko

Zutaten

(bis zu 10 Portionen)

2 EL vegane Margarine
10 Filo- oder
Strudelteigblätter (ca. 250 g)

<u>für die Creme:</u>
750 ml Mandelmilch oder eine
andere pflanzliche Milch
120 g Hartweizengrieß
100 g Rohrohrzucker
etwas Vanillepulver
1 EL Margarine

<u>für den Sirup:</u>
ca. 200 ml Wasser
200 g Rohrohrzucker
1-2 Prisen Zimt
Schale und Saft einer halben
Zitrone

Zubereitung

(ca. 90 Min. & 2 Std. ziehen lassen)

- <u>Creme:</u> Alle Zutaten in einen mittelgroßen Topf geben. Bei mittlerer Hitze und unter ständigem Rühren so lange aufkochen, bis alles verdickt ist. Danach den Topf von der Kochstelle nehmen. Die Creme abkühlen lassen und die Teigblätter vorbereiten.

- Die Margarine in einem kleinen Topf schmelzen. Eine runde Backform (Durchmesser ca. 28-30 cm) mit der geschmolzenen Margarine einfetten. Nun ein Teigblatt in die Backform legen und mit Margarine bepinseln. Das zweite Teigblatt mit Margarine bepinseln und in die Backform legen. Diesen Arbeitsschritt für das dritte, vierte, fünfte und sechste Teigblatt wiederholen.

- Danach die Creme in die Backform über die Teigblätter geben. Die Creme mit den restlichen Teigblättern bedecken. Hierbei die Teigblätter wieder in Schichten aufeinander legen und immer wieder mit Margarine bepinseln. Abschließend das Galaktobureko mit den überstehenden Teigblättern versiegeln. Hierfür werden die überstehenden Blätter nach innen gerollt, sodass an den Rändern ein Kranz entsteht.

- Im vorgeheizten Backofen (möglichst weit unten) bei 180°C (Ober- und Unterhitze) für 45 Minuten backen, bis das Galaktobureko goldbraun ist. Danach aus dem Ofen nehmen und zur Seite stellen.

- <u>Sirup:</u> Alle Zutaten in einen kleinen Topf geben und bei mittlerer Stufe erhitzen. Ca. 6-8 Minuten lang köcheln lassen.

- Das Galaktobureko in der Backform in Quadrate schneiden (ca. 10 Stück). Nun den heißen Sirup darüber gießen und für ca. 2 Stunden ziehen lassen.

Macht diesen Kuchen am Silvesterabend! Vor dem Backen wird eine Glücksmünze in den Teig gesteckt. Wenn der Kuchen am Neujahrstag angeschnitten wird, bringt es dem_der Finder_in der Münze Glück im neuen Jahr!

Mandarinen-Neujahrskuchen

Zutaten

(bis zu 10 Portionen)

120 g Rohrohrzucker
400 ml Kokosnussmilch (cremig)
200 ml Mandarinensaft
Schale von 2-3 Mandarinen, gerieben
2 Einheiten Ei-Ersatz (siehe Glossar)
300 g Weizenmehl
2 TL Backpulver
1 Schuss Brandy
1 TL Natron
Puderzucker zum Bestreuen

Zubereitung

(ca. 10 Min. & 60 Min. backen)

- Den Zucker und die Kokosnussmilch in einer Schüssel gut miteinander verrühren. Mandarinensaft, Mandarinenschale und Ei-Ersatz hinzugeben und ebenfalls gut vermengen.

- In einer weiteren Schüssel das Mehl und das Backpulver vermischen. Dann die trockenen Zutaten zu den nassen Zutaten geben und zu einem flüssigen Teig verrühren. Am Ende das Natron im Brandy auflösen und ebenfalls in die Schüssel geben. Die Masse ein letztes Mal gut durchmischen.

- Die Masse in eine runde, mit Backpapier ausgelegte Backform geben (Durchmesser ca. 30 cm) und im vorgeheizten Backofen bei 200°C (Ober- und Unterhitze) für ca. 20 Minuten backen. Die Temperatur auf 180°C verringern und für weitere 20 Minuten backen. Danach die Temperatur auf 150°C reduzieren und für weitere 20 Minuten backen.

- Um zu überprüfen, ob der Kuchen durchgebacken ist, wird er mit einem Messer angestochen; kommt das Messer sauber heraus, ist der Kuchen fertig! Den Kuchen aus dem Ofen nehmen und mit reichlich Puderzucker bestreuen.

Tipp: Der Ei-Ersatz hilft dem Kuchen beim Aufgehen. Sollte kein Ei-Ersatz vorhanden sein, können als Alternative 1 TL Natron und 1 TL Apfelessig genutzt werden.

Vegiterranes Glossar

Agar-Agar: Ein natürliches Geliermittel auf Algenbasis. Es wird zum Kochen und zur Herstellung von Feingebäck genutzt. Dabei eignet es sich sehr gut zum Binden von Saucen und zur Herstellung von veganem Käse, da es beim Aushärten gelierende Eigenschaften aufweist. Ihr findet Agar-Agar im Reformhaus in Form von Flocken oder Puder. Agar-Agar ist eine vegane Alternative zu Gelatine (die aus Tierknochen, Tierhaut und Restprodukten der Lederindustrie hergestellt wird).

Ajvar: Ajvar ist eine Paste oder ein Aufstrich aus gegrillten roten Paprika. Oft auch „roter Paprikasalat" genannt, ist es auf dem Balkan weit verbreitet. Ihr findet es im Feinkostladen oder auch in regulären Supermärkten.

Balsamico-Essig: Ein dunkelroter italienischer Essig mit einem süßlichen Geschmack. Es gibt verschiedene Arten von Balsamico-Essig auf dem Markt, die sich sowohl in ihrem Geschmack als auch in Ihrer Qualität unterscheiden. Der traditionelle Balsamico-Essig reift für zwölf Jahre im Eichenfass.

Bockshornklee: Eine aromatische und medizinische Pflanze. Ihre Samen werden in der europäischen, afrikanischen, asiatischen Küche verwendet und sind eine Zutat der Curry-Gewürzmischung. Bockshornklee wurde sowohl als Heilpflanze und zur Behandlung von Unfruchtbarkeit als auch als Aphrodisiakum verwendet. Er hat einen leicht sauren und intensiven Geschmack. Beim Kochen eignet sich der Bockshornklee zum Würzen von Marinaden oder gegrillten Pilzen, Tofu, Tempeh oder Seitan.

Bruschetta: Knusprig gegrillte Brotscheibchen, eingerieben mit frischem Knoblauch, belegt mit frischen Tomaten oder anderem Gemüse und Olivenöl. Hervorragende Antipasti!

Bulgur: Ein Lebensmittel mit sehr hohem Nährwert aus geschälten Weizenkörnern. Da das Bulgur vorgekocht und getrocknet zu kaufen ist, hat es eine recht kurze Garzeit. Bulgur ist in der Küche des Nahen Ostens weit verbreitet und wird für Salate, Suppen und als Reisalternative verwendet.

Couscous: Eine Art Pasta in Form von Granulat, die aus Weizengrieß hergestellt wurden. Als Gericht ist Couscous besonders im nördlichen Afrika, aber auch in anderen mediterranen Ländern beliebt. Üblicherweise wird er gedämpft und sollte locker und wenig klebrig sein.

Crostini: Kleine geröstete Brothäppchen mit unterschiedlichem Belag.

Ei-Ersatz: Ei-Ersatz ist ein sehr hilfreiches Produkt, das zum Veganisieren von Rezepten, die Ei benötigen, verwendet wird. Er kann für eine große Anzahl unterschiedlicher Speisen benutzt werden (Kuchen, Crêpes, Waffeln, Biskuits etc.) und beinhaltet gewöhnlich Stärke oder Tapiokamehl. Ihr findet den Ei-Ersatz in veganen Lebensmittelgeschäften, Bioläden oder in gut sortierten Supermärkten. Dennoch kann Ei-Ersatz auch selber hergestellt werden, je nachdem, welches Rezept veganisiert werden soll. Einige Beispiele bekannter Methoden sind:

- Für Kekse: 1 EL Leinsamen in 3 EL Wasser aufkochen oder 1 zerdrückte Banane oder ¼ Tasse Apfelmus.

- Für Kuchen und Muffins: 1 TL Backpulver zusammen mit einer Spitze Natron und 2 EL warmes Wasser.

- Zum Binden: 1 EL Sojamehl in 3 EL Wasser

- Für Cremes, Custard, Eis: Seidentofu oder Kokosnusscreme oder veganer Joghurt.

Filoteigblätter: Papierdünne Teigblätter, die für die Zubereitung von Süßigkeiten und salzigen Aufläufen verwendet werden. Wenn ihr die Filoteigblätter backt, werden sie wunderbar knusprig. Ihr findet Filoteigblätter unter anderem in orientalischen Lebensmittelgeschäften.

Gluten: Ein Protein, das in Weizen und in geringerer Menge auch in Hafer, Roggen und Gerste zu finden ist. Zu Teig geknetet wird Gluten elastisch und es entstehen kleine Luftbläschen durch den Gärungsprozess, der z. B. Brot aufgehen lassen. Gluten ist ein weißes Pulver und ähnelt optisch dem Weizenmehl. Es kann zur Zubereitung von Seitan genutzt werden (so auch als Seitanpulver erhältlich) und ihr findet es in veganen Lebensmittelläden, einigen großen Supermärkten oder online (z. B. bei rootsofcompassion.org).

GMO (Gentechnisch modifizierter Organismus): Ein Organismus, der durch künstliches Hinzufügen von Genmaterial eines anderen Organismus‘ genetisch verändert wurde. Das betrifft sowohl Pflanzen als auch Tiere. Genetisch veränderte Pflanzen werden in der Lebensmittelindustrie für menschliche und auch nichtmenschliche Tiere verwendet und sind unter anderem: Raps, Getreide und Soja. Schätzungen zufolge enthalten 70% der abgepackten Lebensmittel GMO Zutaten.
GM Lebensmittel sind wegen ihres möglichen negativen Einflusses auf die menschliche Gesundheit (z. B. Allergien, potentielle Vergiftungen und Verringerung des Nährstoffgehaltes eines Lebensmittels) stark in Verruf geraten. Der Anbau von genmanipulierten Pflanzen stellt eine große Gefahr für die Artenvielfalt dar und birgt unberechenbare Folgen für die Umwelt. Weiterhin melden Agrarunternehmen (z. B. Monsanto und Sygenta) Patente auf das GM Saatgut an und erhalten somit Eigentumsansprüche auf Grundnahrungsmittel. Dies wiederum gibt Biotechnologieunternehmen die Möglichkeit, die Lebensmittelversorgung zu kontrollieren und viele Bauern in den finanziellen Ruin zu treiben. Für mehr Informationen zu diesem Thema ist die Internetseite gmwatch.org zu empfehlen.

Granatapfelsirup: Sirup aus Granatäpfeln. Der Sirup wird in der Küche des mediterranen Nahen Ostens verwendet und kann auf türkischen Märkten unter dem

Namen Nar Ekşisi gefunden werden. Er eignet sich für die Zubereitung von Salatdressings und Marinaden.

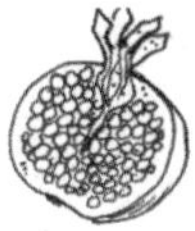

Halva: Eine Süßigkeit des Nahen Ostens und des Balkans mit arabischen Wurzeln. Ursprünglich wird Halva aus Sesam oder Grieß zubereitet.

Harissa: Pikante rote Chilipaste, die in der Küche Nordafrikas sehr verbreitet ist. Ihr findet sie in mediterranen Lebensmittelläden.

Hefeflocken: siehe Nährhefe

Kapern: Eingelegte Knospen, die weithin in der mediterranen Küche Verwendung finden. Mit ihrem salzigen Geschmack verleihen sie Saucen und Salaten eine besondere Note. Sollte der Geschmack zu stark sein, einfach vor dem Verzehr leicht abwaschen.

Kumin: Kumin oder Kreuzkümmel ist ein Gewürz, das in der mediterranen Küche weit verbreitet ist. Es wird häufig mit Koriander kombiniert und sowohl zum Kochen als auch als Marinadengewürz verwendet. Es kann gemahlen oder als ganze Samen verwendet werden.

Kurkuma: Kurkuma oder Turmerik ist eine Pflanze indischer Herkunft, aus deren Wurzelstock das gleichnamige Gewürz gewonnen wird. Kurkuma hat eine sehr intensive gelbe Farbe und einen milden bitteren Geschmack. Häufig für Gewürzmischungen genutzt (z. B. Curry) oder pur, um dem Essen Farbe und Geschmack zu verleihen. Kurkuma wird als Medizin genutzt, da es antibakteriell, cholesterinsenkend und entzündungshemmend wirkt, der Verdauung hilft und gut für die Leber ist. Kurkuma gehört zur gleichen Familie wie Ingwer und ist in der asiatischen Küche ähnlich beliebt.

Margarine (vegan): Margarine wird auf der Basis von pflanzlichem Fett hergestellt, dennoch ist nicht jede Margarine vegan. Wenn ihr also Margarine kauft, solltet ihr auf die Inhaltsstoffe achten, damit sie keine tierlichen Produkte und, wenn möglich, kein Palmöl beinhaltet. Die Produktion von Palmöl ist maßgeblich für die Zerstörung des Regenwaldes und die Vertreibung sowie den Tod der dort lebenden Tiere (z. B. Orang-Utans in Indonesien und Malaysia) verantwortlich.

Mastix: Ein aromatisches Baumharz des Mastixbaumes (eine Pistazienart), das auf der griechischen Insel Chios zu finden ist. Mastix entsteht am Baum in Form von kleinen Perlen und wird dann zu feinem Puder gemahlen. Er wird häufig für die Zubereitung von Süßigkeiten verwendet, um diesen ein aromatisches und einzigartiges Aroma zu verleihen. Mastix findet ihr in gut sortierten Gewürzläden, griechischen Lebensmittelläden und online.

Miso: Miso ist eine dickliche Paste aus fermentierten Sojabohnen. Ursprünglich aus Japan stammend, wird es mittlerweile weltweit eingesetzt, um Suppen und

Saucen einen salzigen Geschmack zu verleihen. Miso ist in der veganen Küche weit verbreitet und wird auch ohne Soja hergestellt, so z. B. aus anderen Hülsenfrüchten wie Kichererbsen oder Getreide wie Reis und Gerste. Die verschiedenen Sorten unterscheiden sich im Geschmack und Farbe. Miso findet ihr im Reformhaus, in veganen Lebensmittelläden, in Bioläden oder asiatischen Lebensmittelgeschäften.

Nährhefe: Nicht zu verwechseln mit Back- oder Aktivhefe. Nährhefe wird aus Hefepilzen hergestellt. Meistens in Form von Flocken hat die Nährhefe einen käseähnlichen Geschmack und ist reich an Proteinen und Vitaminen des B-Komplexes. Sie ist in der veganen Küche sehr beliebt und wird für Suppen, Saucen, Soufflés etc. verwendet. Weiterhin ist sie häufig die wichtigste Zutat bei der Herstellung veganen Käses. Ihr findet Nährhefe im Reformhaus, in vielen Supermärkten, veganen Lebensmittelgeschäften und online.

Orzo-Nudeln: Kleine reiskornförmige Nudeln. Ihr findet sie ebenfalls unter dem Namen „risoni" und „kritharaki" im Supermarkt.

Pflanzliche Milch: Ein Getränk auf pflanzlicher Basis, das häufig als Alternative zu tierlicher Milch genutzt wird. Pflanzliche Milch kann zum Kochen, zum Zubereiten von Back- und Süßwaren und als perfekter Ersatz beim Veganisieren von Speisen genutzt werden. Meistens wird die pflanzliche Milch aus Soja, Reis, Hafer, Mandeln, Haselnüssen etc. hergestellt. Ihr findet sie in fast jedem Supermarkt und in größerer Auswahl im Bioladen.

Piment: Piment, auch bekannt als Nelkenpfeffer, Gewürzkorn oder Jamaikapfeffer, wird sehr häufig in der mediterranen Küche genutzt. Ihr findet es sowohl gemahlen als auch als ganze Frucht, und es ist im Geschmack der Muskatnuss recht ähnlich. Es wird zum Backen und Kochen verwendet.

Pita: Ein flaches, dünnes und rundes Brot, das aufgeschnitten und gefüllt oder als Wrap verwendet werden kann.

Polenta (Maisgrieß): Polenta wird häufig als Brei zubereitet und ist ein sehr verbreitetes Gericht in Italien. Bei der schnell kochenden Polenta, die meistens in den gängigen Supermärkten zu finden ist, empfiehlt sich folgendes Rezept: 1 Teil Polenta auf 3 Teile Wasser/Gemüsebrühe. Richtig angewendet ergibt es automatisch die richtige Konsistenz, die an Kartoffelpüree erinnert.

Quinoa: Quinoa ist der Samen des Quinoabusches *Chenopodium quinoa* und ein Pseudogetreide (wie Amarant und Buchweizen). Quinoa stammt aus Südamerika. Inkas nutzten sie, neben dem Maiskorn, als Hauptnahrungsmittel. Quinoa wird auch als sogenanntes „superfood" bezeichnet und hat einen wesentlich höheren Nährwert als Getreide. Sie beinhaltet eine sehr hohe Konzentration an Proteinen, eine ausgewogene Aminosäurestruktur und ist reich an Magnesium, Eisen, Phosphor, Kalium und Kalzium. Ihr Geschmack erinnert ein wenig an Reis und Bulgur. Viele Kochbücher empfehlen die Quinoa vor dem Kochen abzuwaschen, um die bitteren Saponine zu entfernen (Ich würde dies aber eher als optionale Empfehlung geben, da es letztendlich auf den Geschmack der Essenden ankommt).

Ras el Hanout: Eine Gewürzmischung aus Nordafrika. Sie beinhaltet bis zu 30 verschiedene Gewürze (abhängig von der produzierenden Firma), die traditionell die besten und hochwertigsten Gewürze der Händler_innen sind.

Rosenwasser: Essenz aus Rosenblüten. Meistens bei der Zubereitung von Süßspeisen verwendet. Ihr findet Rosenwasser sowohl in mediterranen Lebensmittelgeschäften als auch in Supermärkten.

Sahne (vegan): Pflanzliche Sahne aus Soja, Hafer, Reis, Kokosnuss oder Mandeln. Die unterschiedlichen Varianten können sowohl zum Backen als auch zum Kochen verwendet werden (aufgeschlagene/süße Sahne, Sahne zum Kochen). Sojasahne findet ihr in den meisten Supermärkten, wogegen andere pflanzliche Sahnesorten in gut sortierten Bioläden zu erwerben sind.

Schokolade (vegan): Um sicherzustellen, dass Schokolade wirklich vegan ist, sollten die auf dem Etikett angegebenen Zutaten genau überprüft werden. Um weiterhin sicherzugehen, dass der verwendete Kakao unter fairen Bedingungen hergestellt wurde, müsstet ihr ein wenig kritischer hinsehen. Die Kakaoindustrie ist mitunter verantwortlich für Kinderarbeit, Menschenhandel und Sklaverei. Deshalb solltet ihr beim Kauf von kakaohaltigen Produkten darauf achten, dass sie aus kollektivbetrieblicher Produktion oder aus fairem Handel stammen. Mehr Informationen über die Kakaoproduktion findet ihr auf der Internetseite des Food Empowerment Project unter foodispower.org/slavery-chocolate. Ebenso eine Liste mit empfohlenen Schokoladenhersteller_innen: foodispower.org/chocolate-list.

Schwarzaugenbohnen: Schwarzaugenbohnen sind Bohnen mit einem charakteristischen schwarzen Fleck, der auch als Auge bezeichnet wird. Sie wachsen besonders gut in Savannenregionen, weshalb sie auch in der Mittelmeerregion und in vielen afrikanischen und asiatischen Ländern verbreitet sind. Schwarzaugenbohnen sind reich an Proteinen, Vitaminen, Mineralien und Kohlenhydraten. Sie eignen sich für die Zubereitung von Salaten, Suppen, veganen Burgern etc. und sind im mediterranen Lebensmittelgeschäft oder im gut sortierten Supermarkt zu finden.

Sojagranulat, -schnetzel, -steaks (texturiertes Soja): Texturiertes Soja wird aus mechanisch entfettetem Sojamehl (meist industriell) hergestellt. Es lässt sich sehr gut als Fleischersatz verwenden. Es muss häufig erst eingeweicht oder schonend gekocht werden, bevor es weiterverarbeitet werden kann. Texturiertes Soja kann auf viele verschiedene Weisen zubereitet werden (gekocht als Wurst, sautiert, gegrillt, frittiert, gebacken) und ist in unterschiedlichsten Formen und Größen zu finden (Sojahack, Koteletts, Steaks, etc.). Texturiertes Soja bietet eine große Menge an Proteinen und hat einen geringen Fettanteil.

Sojamehl: Das Mehl aus Sojabohnen kann zum Verdicken von Saucen, zur Zubereitung von Panade, Seitan oder als Ei-Ersatz für eifreies Backen verwendet werden.

Sojasauce: Eine dunkelbraune Gewürzsauce aus fermentierten Sojabohnen. Sojasauce wird häufig in der asiatischen Küche verwendet. Sie kann zum Würzen von Suppen und Saucen, aber als auch für Dressings genutzt werden. Es empfiehlt sich eine qualitativ hochwertige und GM-freie Sojasauce zu kaufen (eine gute Sojasauce beinhaltet lediglich Sojabohnen, Weizen, Salz und Wasser).

Sumach: Sumach ist ein rotes Gewürz, hergestellt aus den Früchten des Färberbaums, der in der Mittelmeerregion wächst. Es ist eine Zutat des Zaatar, einer bekannten Gewürzmischung im Nahen Osten. Sumach hat einen vollen, fruchtigen und leicht sauren Geschmack. Es kann zum Würzen unterschiedlicher Gerichte genutzt werden und passt besonders gut zu Salaten, Kichererbsen, veganen Burgern oder Kebabs.

Tahini: Tahini, eine Paste aus Sesamsamen, wird häufig im östlichen Mittelmeerraum verwendet und ähnelt in Geschmack, Textur und im Kaloriengehalt Nussbutter. Tahini eignet sich besonders gut für die vegane Ernährung, da es reich an Proteinen, B-Vitaminen, Omega-6 Fettsäuren, Kalzium, Phosphor und Mineralien ist. Es wird als Basis für die Zubereitung von Aufstrichen und Dips verwendet, oder um Saucen und Suppen cremiger zu machen. Ebenso gut eignet es sich für die Herstellung von Süßspeisen, wie z. B. Halva oder Kuchen.

Tamari: Eine japanische Sojasauce und Nebenprodukt der Misoproduktion. Sie beinhaltet kein Weizen und eignet sich daher für glutenfreies Kochen. Tamari wird häufig zur Zubereitung von Rohkostgerichten verwendet.

Tempeh: Ein traditionelles Sojaprodukt aus Indonesien, hergestellt aus fermentierten Sojabohnen. Tempeh ist, ähnlich dem Tofu, in der veganen Küche sehr beliebt, da es sich vielfältig zubereiten lässt und reich an Proteinen ist. Tempeh hat einen sehr intensiven und nussartigen Geschmack und ist eine gute Quelle für Phosphor und Mangan. Es eignet sich für die Zubereitung von Gerichten im Wok, kann aber auch gedämpft oder geröstet werden. Tempeh ist eine sehr gute Alternative zu Hackfleisch, und ihr findet es in asiatischen Lebensmittelgeschäften, veganen Lebensmittelgeschäften und einigen großen Supermärkten.

Tofu: Tofu ist eine aufbereitete Form von Soja. Er wird aus Sojamilch hergestellt, die mit Hilfe von Säure und Gerinnungsmitteln verdickt. Danach wird es in eine rechteckige Form gepresst. Tofu erinnert optisch in seiner finalen Form an Käse, hat eine weiche

Konsistenz und ist reich an Proteinen, Kalzium, Eisen und Mangan. Natürlicher Tofu ist fast geschmacksneutral, weshalb er mariniert, gründlich gewürzt oder mit Gemüse zubereitet werden sollte. In der asiatischen Küche wird Tofu seit Jahrhunderten sehr häufig verwendet, ist aber in der fleischlosen „westlichen" Küche mittlerweile ebenso bekannt und beliebt.
Es gibt in Bezug auf die Konsistenz zwei unterschiedliche Arten von Tofu: Seidentofu und regulärer Tofu. Seidentofu hat eine weiche Konsistenz und wird zur Zubereitung von Süßigkeiten (veganes Eis, Torten, etc.) und Saucen verwendet. Regulärer Tofu ist fest und meistens elastisch, wodurch er sich zum Anbraten eignet.

Traubensirup: Sirup aus Traubensaft, der bereits von den Minoer_innen genutzt und produziert wurde. Purer Traubensirup (Petimesi oder Pekmez) ist natürlich süß, hat ein einzigartiges Aroma und einen hohen Nährstoffgehalt (hoher Eisengehalt).

Wein (vegan): Viele der abgefüllten Weine werden mit Hilfe von Tierprodukten hergestellt. Der Einsatz der Tierprodukte reicht hierbei von der Filterung bis zur Zugabe von Knochen, Eiklar, Laktose, Farbstoffen aus Insekten, Gelatine und mehr. Um sicherzugehen, dass ein Wein vegan ist, sucht nach einem veganen Siegel auf der Flasche, schaut online nach passenden Anbieter_innen oder kauft lokal im Laden eures Vertrauens.

Yufka-Fladenbrot: Ein sehr dünnes und weiches, rundes Fladenbrot, das eine hohe Restfeuchte besitzt. Seine Konsistenz erinnert an eine dicke Crêpe. Ihr findet Yufka in mediterranen Lebensmittelläden.

Die Vegiterraner_innen

Dieses Kochbuch ist das Ergebnis einer kollektiven Zusammenarbeit, ohne die das Buch nicht zustande gekommen wäre:

Theofano Vetouli, die für Rezeptentwicklung, Text, Food Styling und Speisenfotografie verantwortlich war.

David Rohrbach, der sich sowohl um Design, Editing, Layout, Illustration, Fotobearbeitung und Übersetzung (Englisch-Deutsch) gekümmert hat, als auch für die Testessen verantwortlich war.

Timo Klos (timoklos.de), der das Projekt durch sein künstlerisches und fotografisches Wissen als auch durch seine veganen Kochkenntnisse und seinen Enthusiasmus für die vegane Essenswelt unterstützte. Er assistierte bei den Fotosessions, stellte die Fotoausrüstung zur Verfügung, gab Nachhilfe in Fotografie und half, wo es gerade nötig war!

Keith! Er war das Agar-Agar, das alles zusammenhielt! Er unterstütze das Projekt inniglich von Anfang an, war Inspirationsquelle und Muse und gab dem Team in Zeiten des langsamen Fortschreitens die nötige Ruhe und den stets gebrauchten Optimismus.

Besonderer Dank gilt: Sofia, Noomi und Byron für die Fotokameras, Lukas für die guten Tipps und Rezension, Esther und Thomas für die Food Styling Utensilien und Markus Georg für die Hilfestellungen bezüglich Fotografie, Korrekturen und seinem Wissen in Lebensmittelfotografie. Weiterhin vielen Dank an alle Freund_innen, die das Projekt unterstützt haben.

Über die Autorin:
Theofano Vetouli, vegane Caterin und DIY Koch-Enthusiastin, kocht seit 2007 vegan.
Geboren und aufgewachsen in Athen (Griechenland), studierte sie Agrarwissenschaften und Organic Food Management in Griechenland und Deutschland. Während ihres Studiums befasste sie sich mit den Produktionsprozessen und -methoden der Tierhaltung für Ernährungszwecke. Theofano wurde Veganerin, als sie Seminare zur ethischen Behandlung von „Nutztieren" in der ökologischen Landwirtschaft belegte. Sie lebt und arbeitet in Berlin und betreibt dort das vegane Catering VeganCat (vegancat.de).

Register

»mensch_tier«

Hartmut Kiewert

»MENSCH_TIER« kombiniert 74 meist großformatige Abbildungen der künstlerischen Arbeiten Hartmut Kiewerts zum Mensch-Tier-Verhältnis mit theoretischen Reflektionen.
Das Spektrum der Arbeiten reicht von „Schlachtplatten" und „Fleischlandschaften" bis hin zu utopischen Perspektiven. Dem steht ein umfangreicher Textteil gegenüber, der mit einer reinen Faktensammlung beginnt und über die Erörterung philosophischer Aspekte in ein Plädoyer für eine gewalt- und herrschaftsfreie Gesellschaft mündet.

144 Seiten | Softcover| ISBN 978-3-9814621-1-1 | 1. Auflage 2012 | 17,50 €

Vegane Küche für Kinder

Christina Kaldewey

In VEGANE KÜCHE FÜR KINDER, dem ersten umfassenden deutschsprachigen Ratgeber für vegane Kinderernährung, finden Klein und Groß Schmackhaftes für jeden Tag.
Der Ratgeber enthält wichtige Informationen zur Ernährung, Wissenswertes zum Beginn der Beikost, Alltagstipps, Erfahrungsberichte aus erster Hand und vieles mehr – hier findest du alles, um deinem Kind einen optimalen Start in die Welt des Essens und Trinkens zu ermöglichen.

152 Seiten | Hardcover | ISBN 978-3-9814621-2-8 | 3. Auflage 2013 | 18,90 €

Schweinchen Hugo reißt aus

Alexander Bulk

Hugo ist eigentlich ein ganz normales Schwein. Er lebt mit anderen Tieren auf dem Bauernhof und liebt es, sich im Stroh umherzuwälzen. Doch seit einiger Zeit plagen ihn viele Fragen. Warum ist er hier? Weshalb lässt der Bauer ihn nicht nach draußen in die Natur? Zusammen mit seiner besten Freundin Matilda begibt sich Hugo auf die Suche nach Antworten.
SCHWEINCHEN HUGO REISST AUS ist ein spannendes Buch für Kinder ab 6 Jahren.

72 Seiten | Hardcover | ISBN 978-3-9814621-3-5 | 2. Auflage 2014 | 13,90 €

Das Rock'n'Roll Veganer - Kochbuch

Jérôme Eckmeier

Jérôme Eckmeier vereint in diesem Kochbuch seine beiden großen Leidenschaften: vegane Küche und Rock'n'Roll! Die kochfreudigen Leser_innen erwarten Partybuffet-Klassiker der 1950er wie Fleisch- und Eiersalate, Toast Hawaii, Marmor- und Käsekuchen oder den niedlichen Mett-Igel. Jérôme Eckmeier zaubert mit den veganen Varianten dieser Gerichte den Flair der Hula Hoop- und Petticoat-Jahre tierleidfrei auf eure Teller.

144 Seiten | Hardcover | ISBN 978-3-9814621-5-9 | 2. Auflauge 2012 | 18,00 €

Vegan kochen mit Ente

Ente

In VEGAN KOCHEN MIT ENTE finden sich 60 leckere und doch einfache Rezepte, die im Handumdrehen gelingen und alles andere als die Welt kosten. Von Zucchini-Kartoffelpuffern über Seitannuggets bis hin zu Nougat-Sahnetorte ist alles dabei. Auf Zutaten, die nur schwer zu bekommen sind, kann getrost verzichtet werden.

Die Einnahmen, die durch dieses Kochbuch erzielt werden, fließen komplett in Projekte und Initiativen der Bewegung, denn Veganismus ist mehr als Lifestyle!

80 Seiten | Softcover | ISBN 978-3-9814621-4-2 | 3. Auflage 2014 | 10,00 €

Warum wir Hunde lieben, Schweine essen und Kühe anziehen

Melanie Joy

In ihrem bahnbrechenden Buch WARUM WIR HUNDE LIEBEN, SCHWEINE ESSEN UND KÜHE ANZIEHEN untersucht die Psychologin Dr. Melanie Joy, wie wir dazu kommen, manche Tiere als Familienmitglieder zu betrachten, andere dagegen als Nahrung – ohne dass wir diese Unterscheidung plausibel begründen könnten. Die Antwort der Autorin lautet „Karnismus", eine unsichtbare Ideologie, die es aufzudecken gilt.

223 Seiten | Softcover | ISBN 978-3-9814621-7-3 | 5. Auflauge 2015 | 16,00 €
Auch als E-Book erhältlich!

Tierbefreiung

Emil Franzinelli, Andre Gamerschlag, die tierbefreier e.V.

TIERBEFREIUNG – das aktuelle Tierrechtsmagazin feiert 20-jähriges Jubiläum.
Dieser Sammelband vereint Beiträge zum Profil sowie zu den Strategien und Methoden der Tierrechts- und Tierbefreiungsbewegung, die in den letzten zehn Jahren in der *Tierbefreiung* erschienen sind.
Dieser Band ist der erste in der neuen Schriftenreihe des Vereins *die tierbefreier*.

262 Seiten | Softcover | ISBN 978-3-9814621-8-0 | 1. Auflage 2014 | 15,00 €

Rohvegan

Claudia Renner

ROHVEGAN ist ein Kochbuch und Erfahrungsbericht zugleich und bietet 50 leicht umsetzbare, rohköstliche Rezepte – von grünen Smoothies über Hauptgerichte wie Lasagne oder Gemüsenudeln bis zu Desserts wie Chia Pudding und Erdbeertraum – sowie nützliche Tipps und Anregungen zu rohen Zubereitungsweisen.

176 Seiten | Softcover | ISBN 978-3-9814621-6-6 | 2. Auflage 2014 | 13,00 €

No Meat Athlete

Matt Frazier

Mit einer Kombination aus bewährten Trainingsmethoden, motivierenden Erfahrungsberichten und innovativen Rezepten ist NO MEAT ATHLETE einzigartiger Fitness-Ratgeber und Kochbuch zugleich. Das Werk bietet einen Ernährungsleitfaden sowohl für Laufanfänger_innen als auch für Fortgeschrittene, egal ob du bereits vegan lebst oder erst damit beginnen möchtest.
NO MEAT ATHLETE bringt dich erfolgreich vom Start ins Ziel!

264 Seiten | Softcover | ISBN: 978-3-9814621-9-7 | | 1. Auflage 2014 | 20,00 €

Vegan lecker lecker! 2

Alexander Bulk et al.

Ob einfacher Snack, raffinierter Hauptgang oder schmackhaftes Dessert, ob gesunder Salat, außergewöhnliche Rohkost oder sündige Süßspeise – das kleine Violette bietet mit über 100 abwechslungsreichen Rezepten Kochinspirationen für jeden Tag!
Ganz nach dem Motto „Do it yourself" widmet sich ein großes Kapitel der Zubereitung bekannter Produkte wie Käse, Fleischalternativen, Eis oder Schokoriegel. Keine teuren Fertigprodukte – mach's dir einfach selbst!
Praktische Tipps und Tricks rund um die vegane Küche lassen dich froh und zuversichtlich den Kochlöffel schwingen, während die nach Schwierigkeitsgrad, Zeitaufwand und Allergenen sortierte Rezeptübersicht ein schnelles Auffinden des passenden Gerichts erleichtert.
Egal ob Küchenprofi oder Grünschnabel, Junkfood-Fan oder Zuckervermeider, Rohkost-Gourmet oder Fleischfreundin – hier kommen alle auf ihre Kosten.

144 Seiten | Ringbuch, Softcover | ISBN 978-3-9816425-2-0 | 1. Auflage 2015 | 8,90 €

---

compassion media ist ein kollektiv betriebener Verlag aus Münster mit den inhaltlichen Schwerpunkten Veganismus, Tierrechte und Tierbefreiung. Wir sehen Veganismus als Teil eines gesamtgesellschaftlichen Wandels, der auch andere Formen von Herrschaft betrifft.
Wir bieten Autor_innen, Filmemacher_innen und anderen kreativ tätigen Menschen eine Plattform, um sich auf verschiedenen Ebenen mit diesen Ansätzen auseinanderzusetzen und sie einem breiteren Publikum näherzubringen.
Unsere Bücher sind in allen gut sortierten Buchhandlungen, in verschiedenen Online-Shops oder direkt unter compassionmedia.org erhältlich.